労働弁護士「宮里邦雄」55年の軌跡

MIYAZATO Kunio

宮里邦雄

論創社

はじめに――持続する熱き志と透徹した知性

宮里さんは、労働弁護士の第一人者である。

ウチナーからヤマトへ、国費留学生として東大で法律家を志した青年時代から、八〇歳を過ぎた今日まで労働運動、労働者への想いは変わることがない。

総評弁護団から日本労働弁護団の幹事長そして会長として、労働者の権利に係って弁護士活動を続けてこられた。

本書に収められた各章は、そのまま戦後労働運動、権利闘争の骨格部分をなしている。わたくし（高井）もいろいろな労働争議をはじめ労働争訟で大いに宮里さんにお世話になった。

その一つが、団体交渉拒否とのたたかい方である。一九九〇年代中頃、経営者側弁護士の一部は「団体交渉を拒否して不当労働行為（労働組合法7条2号違反）とされても、どこかの時点で団体交渉に応じれば足りる。それまでは団交拒否を続けて組合側の力を削いでいけばよい」と公然とうそぶいていた。つまり、「団交拒否は遣り得《やりど》く」論である。こうした、経営法曹らの不当労働行為の「遣り得く論」を規制しなければならない。私が取り組んでいた神谷商事闘争の中で、団交拒否が続いていた。そこで宮里さんに相談し、「団体交渉拒否に損害賠償を対置する」損害賠償訴訟を東京地裁に起こした。

地裁、高裁で「団体交渉拒否は労働組合の持つ団交権という無形の財産権の侵害」として、損害賠償一〇〇万円に加えて弁護士費用一〇万円という一一〇万円の支払いの判決を得た。団体交渉拒否「遣り得く」に歯止めをかけることができた。

本書には宮里さんが心血を注がれた国鉄闘争についてもかなりのページが割かれている。「国家的不当労働行為」として、ときの中曽根政権や財界が総力を挙げて公労協、その中軸をなしていた国鉄労働組合を解体せんと、あらゆる力を総動員して襲いかかってきたたたかいであった。のちに中曽根康弘自身が語ったように、公労協を解体し総評社会党ブロックを解体する。戦後の総決算の攻撃であった。しかも、国鉄改革法という立法までして、労働運動の解体攻撃に乗り出してきた。

宮里さんは、国労弁護団の中心として、この国家的不当労働行為とのたたかいの只中にあった。一部にあった「裁判闘争先行」ではなく、労働委員会闘争を軸として、この国家的不当労働行為と対峙したのだ。本書中にもある通り、国鉄改革法という新法体制の下では、単なる裁判闘争では国鉄改革法に飲み込まれてしまう、それより全国で一斉に労働委員会で不当労働行為の勝利命令を先行させつつ、勝利を展望するという正鵠を射る闘争方針を提唱して、長期にたたかいを持続し、解決に至ったのである。

「労働者の統一なくして勝利なし」と、たゆまずに呼び掛け続けた宮里さんの確信は、哲学的ですらある。日本労働運動史上にも例を見ないほどの、大規模かつ長期にわたる国家的不当労働行為とのたたかいは、ついに解決をみるに至ったのである。

宮里さんはまた、たゆまざるユーモアの持ち主である。本書に収められた書評、映画評、そして音楽への造詣の深さは、刮目すべきものがある。

そして故郷の沖縄・宮古島への愛情あふれる文章も、読者の琴線に触れるに違いない。

当時、まだ米軍政権下にあって、パスポートをもって本土の地を踏んだエピソード、さらに本土の人々の沖縄への無理解をも呑み込みつつ、若き日の宮里青年は、六〇年代安保闘争に係り、法律家、労働弁護士の道を歩んでいく。

本書にはいくつかの最高裁弁論のさわりも収められている。おそらく、労働弁護士として、この最高裁弁論をなしたのは宮里先生をもって嚆矢とすべきであろう。


いま地球上をコロナ禍が襲っている。労働者の権利闘争、労働と生活のあり様が、根底から問われている。我々の英知を結集して、事態を乗り越えていくことが問われている。

現役として、労働委員会や法廷で証人尋問に当たられている宮里さん、いつまでも活躍するお姿を見られる我々は幸せ者である。これからも労働者の権利、労働運動の前進のためにお力を発揮していただきたいものだと、心から念じる次第です。

二〇二一年五月

『労働弁護士「宮里邦雄」55年の軌跡』編集委員

髙橋　均（元連合副事務局長）

棗　一郎（日本労働弁護団闘争本部長）

高井　晃（全国ユニオン元事務局長）

労働弁護士「宮里邦雄」55年の軌跡　目次

第Ⅱ部 裁判をめぐる随筆

第Ⅲ部 折々の記

第Ⅰ部　インタビューで聞く55年

1　労働弁護士としての遥かなる道

1　最初の不当労働行為事件

〖**高井晃**〗（以下〖高井〗）宮里先生が弁護士として歩んでこられた道をたどっていきたいと思います。弁護士になられたのは一九六五年（昭和四〇年）ですね。

【**宮里邦雄**】（以下【宮里】）はい。私は、一九六五年に弁護士になりました。

〖**高井**〗そのころの労働界というか、労働組合をめぐっての状況はどうだったのでしょうか。

【**宮里**】一九六〇代後半から八〇年代にかけてというのは、労働運動の高揚期でもありました。従って、労働組合活動も盛んで、労働争議も非常に多く起きていました。そういう時代に弁護士になったこともあり、弁護士になって以降、本当に数多くの不当労働行為事件を担当いたしました。

〖**高井**〗それで、最初に扱われた不当労働行為の事件は、日本教育新聞社闘争でしたね。まずは、この事件から伺っていきたいと思います。

【宮里】弁護士として初めて担当したのが、今お話のあった日本教育新聞社事件でした。とても印象に残っています。

弁護士というのは裁判所に行くのが大部分ですけれど。初めて、東京都労働委員会に不当労働行為の救済を申し立てをした事件でした。

〔高井〕事件の概要を説明してください。

【宮里】概要を簡単に申し上げますと、日本教育新聞社において組合結成の中心人物であったYという記者がいました。彼は、組合結成のため中心的に活動し、結成後に組合委員長になりました。このY記者に対して、会社が「営業担当をしろ」ということで関連会社へ出向を命じました。組合は、「これは組合潰しの出向である。従って、本人も組合も拒否する」というスタンスで出向命令を拒否したところ、命令拒否を理由に解雇された、という事件であります。

当時は、「出向」という言葉はまだあまり定着していなかった時代です。「不当労働行為だ」と言うと「解雇・配転」となる事件が多かった。「出向」が不当労働行為として争われた事件としては、当時珍しかった。

〔高井〕事件の争点はどういうところでしたか。

【宮里】この事件は、会社から出された出向命令は、委員長のYの組合活動に対して、会社側がこれを嫌悪して発した出向命令であり、不当労働行為に当たるか否かが争点でした。東京都労働委員会は、これを不当労働行為であると認定し、会社に出向命令の撤回および解雇の撤回、現職復帰を命じました。東京都労委の命令が出たのは、一九六六年（昭和四一年）一二月二四日でした。

〔高井〕会社側は、その命令にどう対応しましたか。

【宮里】会社は中央労働委員会に再審査の申立てをしました。そして中労委で和解が成立して、本人は職場復帰、東京都労働委員会の命令の内容どおり、元の職場に復帰する、新聞記者としての職務に復帰するという和解が成立しました。

解雇されてから和解という結果が出るまでに三年少し掛かったと思います。そういう意味で言うと、これは私の第一号不当労働行為事件として完全に勝利した事件でした。救済命令を獲得し、しかも原職復帰を実現したという点で、完全勝利の事件でありました。

〔高井〕すべてが万々歳で終わったのでしょうか。

【宮里】いいえ、そうではありません。実際に起きたこととして、Y記者が闘争中に一緒に組合を作った仲間に対して、会社側の圧力があったんでしょう。次々に組合を脱退して、Y記者が中労委で和解して復職をする動きが生じた時には、会社がオルグしたのでしょうが、「Y君の復職に反対する」という署名活動まで行われてしまいました。かつて一緒に組合を作った仲間からです。

それで、彼は「復職してもどうなるだろうか」と非常に悩みました。「しかし勝って、復職なんだから完全勝利だ」ということで復職をしました。けれども、実際に職場では、元の仲間からのそういう復職反対運動の署名があり、Y記者は、組合結成時のほとんどの組合員が脱退してしまったところに復帰したわけです。

〔**高井**〕実際問題として、Y記者は苦境に置かれてしまったのですね。

【**宮里**】そうです。彼は復職した後、職場で孤立してしまいました。誰も口も聞いてくれないというよう状況であったために、一種の精神的な病となって、会社を休むことが増えました。それで、私と、このたたかいを支援した当時の「専門紙労協」という専門紙の組合がありましたけれども、この活動を支えた専門紙労協の役員と一緒に、東京の確か足立区だったと思いますが、Y君の団地を訪ねて激励に行きました。

その時には、Y君はあまり語らなかったんだけども、私達は彼を激励して、「頑張って。何かあったら、また相談に乗るから」という話で別れたんですが、その一か月ぐらい後に、彼は自殺するんです。

原因は、要するに彼の復職後の職場での孤立感と言うか、精神的に追い込まれて自殺という道を選んだのではないかと思えるわけでした。私は、大変ショックを受けました。

命令で勝って、職場復帰を実現して。労働委員会闘争としては完全勝利。しかし実際は、闘っていく中で組合は潰されて、しかも彼は自殺に追い込まれたということになったわけです。

〔**高井**〕不当労働行為であることを認める命令を勝ち得たけれども、当事者が結果として自ら命を絶つという悲劇となったわけですね。

【宮里】この結果は、いったい不当労働行為に対する闘い、あるいは、広く言うと労働運動一般として見た時に、「果たして勝利なのか、敗北なのか」という問題を突き付けられたわけです。労働委員会で勝ち、和解によって完全に要求は実現した。しかし、組合は潰された。本人は自殺ということになると、結果としては、組合を潰そうとした会社の目論見が成功したということですよね。だから、不当労働行為などについて、いったい何が労働組合にとっての勝利だと言えるのかというようなことを突き付けられた事件でありました。

〔高井〕この事件について、社会的な反応は、いかがでしたか？ 例えば新聞であるとか。

【宮里】当時、命令が出た時に小さく新聞に載ったかどうかぐらいで、社会的に注目された事件というわけではなかったと思います。小さな新聞社で、組合員もたぶん二〇名ぐらいだったと思います。社会的な問題になるような事件ではありませんでした。

要するに、不当労働行為事件というのは、たくさんあるわけです。当時、東京都労働委員会にも、非常に多くの事件が申し立てられていますから、その中の一つの事件です。

〔高井〕Yさんが職場復帰をした時点で、組合員はもう彼以外に誰もいなかったわけですか。

【宮里】彼以外には組合員は一人もいませんでした。だから、元の職場に復職するとはいえ、たった一人で飛び込むということでした。Y君としても「そういうところに戻って大丈夫だろうか？」という不安感はありました。しかし、不当労働行為をめぐる闘争に勝って、職場復帰させると会社にも言わせて、そういう合意を勝ち取ったのだから、「やっぱり職場に戻ろうよ」ということになったんだけれど、Y君としては、「結果的には仲間に裏切られてしまった」という思いが強かったんでしょうね。

〔高井〕Yさんのご家族というか家族構成はどうだったんですか。

【宮里】彼は三〇代前半ぐらいで、新婚間もない若夫婦でした。和解を勝ち取ってすぐ後ぐらいに結婚したばかりでした。Y君は、東大の文学部出身で非常に文章が上手で、私が書いた労働委員会に出す準備書面の文章の添削をやってくれたりするほど有能な青年でした。

〔高井〕そういう若者が自殺に追い込まれてしまったのは残念ですね。

【宮里】それ以後、いろんな不当労働行為を巡る事件をやる中で、「勝つ」ということは、そのことを通じて組合の団結が強化されることなのだ、と考えるようになりました。裁判に勝つとか、命令をとるとか、それだけじゃないんだと。「労働組合にとっての本当の勝利とは何か」ということを考えさせられる事件でした。これはずっと一貫して、常に私の頭の中にあります。「試合に勝って勝負に負ける」という言葉がありますね。まさにこれは、比喩的に言えば、試合としては勝ったんだけれど勝負では負けたと、そういう事件かなと思っています。第一号不当労働行為事件の教訓として、今日まで不当労働行為事件をやる中で、いつも心に残っている、そういう事件でした。

2　昭和四〇（一九六五）年代から昭和六〇（一九八五）年代の事件

〔高井〕さて、中小企業における労働争議が多かった昭和四〇年代から昭和六〇年代において、宮里先生は法律家として労働争議のどのような場面で関わったのかをお伺いしたいと思います。

【宮里】その時代、すなわち一九六五年から一九八九年ごろ、中小の労働争議になると、多くの争議ではストライキに伴って職場占拠をするんですね。それから、会社が業務を何かやろうとするとピケットを張る。それが通常のパターンで。職場占拠とピケットというのは、当時の争議行為のひとつの行動パターンになっていました。

〔高井〕会社もそれに対応してきますよね。

【宮里】そうです。会社側からは業務妨害禁止の仮処分や施設内への立ち入り禁止の仮処分申請が出る。「労働争議仮処分」と言っていましたけれども、業務妨害禁止とか立ち入り禁止、これとの攻防。それを出されると立ち入りができなくなる。ピケットを張れなくなる。この攻防が非常に大きかった。

〔高井〕警察権力が労働争議に介入してくることもあるわけですね。

【宮里】はい。よく中小の争議では警察が介入しました。例えばピケットなんかで小競り合いがあると、そこに警察が介入、威力業務妨害罪、暴行罪で逮捕・起訴される。そのような刑事事件、刑事弾圧が頻繁に起こりました。

〔高井〕そういう場合に弁護士としての関与はどうするのですか。

【宮里】中小企業の争議の当時の弁護士の関わりというのは、もちろん労働側のほうからも、例えば解雇が起これば仮処分を出すとか。労働側も対抗的な仮処分をやっていましたけど。

中小の争議では、その使用者側の労働争議を妨害する法的な手続きに対する対抗。それから警察の介入による刑事弾圧。これとの闘いが非常に大きな地位を占める中小の争議だったと思うんですね。

〔高井〕どんな事件が印象に残っていますか。

【宮里】僕の記憶に残っている一番激しいたたかいだったのは、東京都内で行われた三光自動車労働組合という、全自交（全国自動車交通労働組合連合会）東京地連の事件でした。確か一九六六年（昭和四一年）だと思います。

これは、会社が大手の自動車会社に事業譲渡をすることに対して、組合が事業譲渡反対闘争をやって。目黒と中野にあった事業所で事業譲渡反対、ストライキに入って、職場占拠となりました。

その中で、七人の組合員が威力業務妨害罪で起訴されるという刑事弾圧事件がおこりました。それから中野営業所では、組合が職場占拠していたら、会社が雇った暴力団が組合員を職場から暴力を使って排除しました。

〔高井〕経営者側がということですか？

【宮里】ええ、経営者側が暴力団を使って、職場占拠にいる労働者を叩き出すわけです。中野営業所を占拠していたら、暴力団が現れて、全労働者が排除されたという事件がありました。こちらのほうは、これは不当な団結権侵害だと、こちらも仮処分の要請を出したりしましたけれども。その事件では、そういう激しい仮処分合戦があり、刑事弾圧がありました。

組合は激しく闘ったんですけれども、結果としては事業譲渡が行われてしまいました。中野営業所・目黒営業所にいた組合員は全員解雇になった事件です。

〔高井〕労働側は負けたのですか。

【宮里】負けました。地域の労働者、労働組合の支援も受けて厳しい闘いが行われたけれども、事業譲渡は強行されてしまいました、刑事弾圧も行われました。そして、ほとんどの組合員が解雇で辞めさせられたのでした。

それと同じように、神奈川では全自交神奈川地連の滝野川交通事件がありました。これもまたピケットで組合員が威力業務妨害罪で、委員長ほか五人が威力業務妨害罪で起訴されるました。これは無罪になりました。横浜地裁、東京高裁で無罪が確定しました。

さきほどの三光自動車の場合は、威力業務妨害罪で起訴された者は全員有罪。暴行罪で起訴された者一人は無罪。

こうした激しい中小企業の争議が行われた時代でしたね。

〔高井〕この頃は、タクシー会社の争議というのは、僕の記憶では、集金ストとか、つまり売上を自分たちで管理してやるとかということを確かやっていたように思うんですけど。ここではどうでしたか。

【宮里】タクシーの争議で多かったのは、ひとつは車検キーの確保戦術です。車検とキーを組合が保管するわけです。車検証と車のキーを組合の管理下に置くわけです。そうすると、使用者側から車検・キーを返還しろという仮処分が起こったりするわけでね。

それから、全自交は納金ストもやりましたね。私鉄総連では、私鉄のバス争議では納金ストをやっていました。ハイヤー・タクシーの争議行為の手段は、車検・キーの保管が多かったと思います。そうすると、車検・キーを返還せよという仮処分の申立がなされるのですが、労働者の側の正当な争議行為の一環であるから許容されるとして、会社の車検・キー返還の仮処分申請が却下されるというような仮処分決定が出された例もあります。

ついでに言うと、有名な私鉄総連の中国地方のバス争議があり、組合がストライキに入って、運転手の組合員が車検・キーを持ち出そうとした時に管理職が抵抗し、少し揉み合いになったんだけれど、車検・キーを持ち出しました。これが、使用者側に暴力を用いて車検・キーを奪取したということで、なんと起訴された罪名が強盗罪。本当ですよ、労働争議に強盗罪を適用するというとんでもない弾圧でした。

〔高井〕強盗罪ですか。

【宮里】要するに、強盗罪というのは、他人に暴力を用いて財物を奪取するという罪なのですが、これが当時有名になって、私鉄総連でも「労働争議に強盗罪とは……」と話題になりました。一審では強盗罪で有罪でした。高裁では強盗罪は無罪になって、暴行罪。単なる暴行であったということです。車検証や車のキーを管理するという、一種の生産管理ではないけれども、ひとつのそういう延長線にある行為ですかね。今日においては考えられない戦術ですけれど、当時は、決して珍しい争議手段ではなかったのです。激しい争議にどうしてもなりますから、そこで様々な衝突が起こり、いろんな事件が勃発します。そこで弁護士が出ていくという構図でした。

〖高井〗労働事件が刑事事件にまで発展したんですか。

【宮里】結構、一九六五年（昭和四〇年）代――僕が弁護士になって数年間は、労働事件というのは、かなりの事件が労働刑事事件でした。労働運動への刑事弾圧が事件の核心となっていたんです。

ですから、逮捕された人の接見、勾留理由開示などの弁護活動を弁護士は行いました。

今このインタビューを受けている時、大阪で、関西生コンという、全日建関西生コン支部に対する大がかりな刑事弾圧事件がたたかわれていますが、これは、かつての労働事件を少し彷彿とさせる近年稀に見る刑事弾圧事件がおきていますけれども。当時は、その種の事件が多かったということです。

〖高井〗全自交もそうでしたが、全国金属（総評全国金属労働組合）の争議も激しかったですね。

【宮里】全国金属にも、似たような争議がいくつかありました。私がやった大きな事件は、大田区にありました前中製作所事件という、かなり有名な争議がありました。これは当時で言う、全金東京地本の南部地協。あの辺は非常に中小の金属の会社が多くて。ある通りは「全金通り」と言われるぐらい、全金が組織していました。

〔高井〕「全金銀座」とも呼ばれていましたね。

【宮里】そういう言葉があったぐらい、全国金属が中小を組織していた地域でした。

〔高井〕春闘の時になると、どこも旗をバーッと出すから、そこを通らないと歩けない、通り抜けできないという状態でしたね。

【宮里】私が担当した前中製作所の争議は、偽装倒産ではないんだけれど、事実上の倒産になって、倒産反対闘争が展開されました。これも職場占拠して企業再開を求める、というような闘争をやるわけですよね。倒産反対・企業再開闘争です。

そうすると「このような労働争議は違法だ」ということで、労働組合の執行部が全員解雇されて、これに対する、東京都労働委員会に対する不当労働行為救済を申し立てました。裁判所に対する解雇の地位保全の申し立てもやりました。使用者側からは「職場から出ていけ」という立ち入り禁止の仮処分が申し立てられ、激しい攻防が行われた事件でした。

〔高井〕結果はどうなったのですか。

【宮里】結末は、最終的には労使の合意によって解決をして、会社が、会社の土地・建物を全部組合に譲渡するということになりました。
解散・解雇で全員解雇だから、例えば退職金なんかを全部払えば相当な額になるわけですよね。だから、その倒産の中で、解決にあたって会社はお金がない。その代わり、会社の建物・土地を譲渡する。こういう解決例は、当時、倒産争議には珍しくありませんでした。ひとつの典型的な解決パターンでした。

〔高井〕会社の債務は引き継がないんですか？

【宮里】会社の債務は引き継ぎません。
前中の組合員たちは、あとは自分たちで会社を作って自主管理。いわゆる自主生産を行うというわけです。辞めた人もいましたが、闘争で残った組合員が社員となり、委員長が社長になりました。彼らはみんなバルブ製造の能力を持っている人たちだから、生産を継続できるわけですよ。委員長の経営管理能力には少し問題もありましたけれど（苦笑）。
争議解決をして何十年と実生産をして、労働者の皆さん方の雇用を守り、賞与も出していたと思います。

〔高井〕そういう場合の弁護士報酬はどうなったのですか。

【宮里】これは、倒産争議におけるひとつの解決でした。解決した時には労働組合には、お金が全く無くて、本当から言うと、弁護士としては相当多額の報酬をもらってもいい事件なのだけれども、お金が無いというので、毎年の年末に「顧問料」と称して、二〇年間ぐらい毎年暮れに私に「あの時の報酬分です」って払ってくれましたね（笑）。とても有難い年末の収入でした。

〖高井〗本にもなっていますね。

【宮里】『争議屋』という元全金中央本部書記長の平沢栄一さんの本に出ています。もちろん平沢さんなんかも中心になって応援してくれました。

〖高井〗この事件で何かエピソードはありませんか。

【宮里】工場の境界にコンクリートの会社の塀に赤旗を設置している塀があるわけですよ。その塀に針金で結わえて組合が支援組合旗を含め、多数の赤旗を林立させました。そうしたら、使用者の側から、「針金で結わえているのは違法だ、組合活動の企業の施設管理権侵害だ」というので、「赤旗を撤去しろ」と仮処分を申請されるんです。我々抵抗したんだけど、掲揚してある赤旗を全部撤去しろという仮処分が出て負けてしまい、外さざるを得なくなって外したのですが、僕はその時に労働者の抵抗魂みたいなものを感じました。仮処分の決定は、「工場の塀に針金などで結わえて、赤旗を掲示してはならない」――こういう仮処分決定でした。「じゃあ、塀に接着しなければいいんだろう」ということで、地域の組合員がそれぞれの組合の赤旗を持って、塀の前に立ってくれた。で、ぐるぐる工場の周りを回るわけです。そっちのほうが目立って、会社は嫌がるわけ（笑）。

仮処分決定が出た後の支援闘争会議で、そういうアイデイアが出て、「塀に縛らなければ仮処分決定に違反しない」という。それはそうなんです。旗を掲げて公道を歩くだけだから、会社のほうも文句が言えないわけです。

そういう労働者の闘いの知恵みたいなのを感じましたね。

〔高井〕全国金属で、他にこの頃印象に残る事件はありますか？

【宮里】全国金属では、あといろんな解雇問題の事件がありました。ちょっと時間はズレますが、親会社に対する、日立電子金属の事件です。子会社の争議で、親会社のところに抗議に行った。その時に会社の玄関にまで立ち入った。退去を命じても応じなかったというので、当時の全国金属のオルグが住居侵入罪で起訴された事件でした。抗議行動のために会社の敷地内に立ち入ったら、住居侵入罪で起訴され、この弁護活動にあたりました。

〔高井〕そのほか、全国一般系とかはどうでしたか？

【宮里】冒頭に私が扱った不当労働行為第一号事件のお話をしましたが、裁判で争った解雇事件の第一号事件が、これは全国一般東京地本が支援した事件で、田沢時計店事件というのがありました。これは、銀座通りの田沢時計店という、時計・貴金属などを売っている店で営業担当をしていた人が中心になって、労働組合を立ち上げた。組合員は少なかったと思うんですけど、個人加盟の全国一般・東京地本に加入しました。

その時の委員長さんが解雇された。それで当時で言う仮処分、地位保全・賃金支払いの仮処分を起こして勝つんです。当時は解雇事件では本裁判というのはほとんどなくて、ほとんど地位保全の仮処分をやるんです。しかし「仮処分の本案化」といわれたように、仮処分が本裁判と同じように証人を呼んで調べたりして、仮処分決定までに二年から三年ほども時間がかかることが珍しくないんです。ということで、仮処分が出ると、例えば二年間経って出ると、二年分のバックペイを支払えということになるわけですね。

当時は運動の流れでもあったんですが、仮処分決定が出ると、ただちに会社に強制執行に行きます。要するに、勝って意気が上がるわけですね。抗議も兼ねているわけです。会社へ行って、「仮処分に従え、仮処分通りに支払え、払わなきゃ差し押さえるぞ」というので、執行官と一緒に動産の差し押さえに行くんです。

田沢時計事件も、勝ったものだからすぐ翌日差し押さえに行った。銀座通りに執行官が行って、入って宝石などの差し押さえをするわけです。なにしろ銀座通りですから、お店が開いていたけど、シャッターをガラガラと閉めて、「本日臨時休業致します」という貼り紙をして、店を閉じた中でジャラジャラと宝石類を集めて、それを会社のロッカーに保管して封印するわけです。会社が支払ったら封印を解くということです。そしたら翌日、会社側の弁護士が、現金を持って事務所に支払いにやって来ました。仮処分第一号事件として、鮮烈な想い出があります。

〔高井〕確か、全印総連（全国印刷出版産業労働組合総連合会）の事件もやられたと聞いたんですが。

【宮里】出版労連（日本出版労働組合連合会）。全印総連などの争議に絡む事件、不当労働行為事件なども結構ありました。

当時、東京都労働委員会に不当労働行為の救済申し立てをしていたベスト3――ベスト3かワースト3だか知りませんけども（苦笑）――僕の記憶では、全国金属、全国一般、全自交――それと出版労連かな。

〔高井〕この頃、倒産争議が中小ではかなり多かったと思うんです。だんだん組合分裂を経営側から組織的に仕掛けられたり、その結果、少数派になった組合員が賃金や昇格の差別を受けたりした。こういう事件がだんだん増えてきたと思うのですが、どうでしょう？

【宮里】 ご指摘のとおりでして、一九六〇年代後半から七〇年代にかけての不当労働行為の特徴的な事件というのは、一企業の中に複数の組合が併存する状況下での差別事件でした。この併存に至る原因は、組合分裂です。分裂の原因は、当時、特に問題になっていた、使用者側が進めようとする合理化政策に対して、どういうスタンスを取るかということでした。当時よく労働組合が「反合闘争」と言っていましたよね。反合理化闘争ですね。

だから、企業の合理化政策、それに伴う人事労務管理に対して反対するのか、あるいは受け入れて協調するのか。そのスタンスを巡って、組合の方針を巡って内部で対立が生じて、そして分裂をするというパターンです。そのバックには、当時、ナショナルセンターが総評（日本労働組合総評議会）対同盟という対立もあって、運動の進め方の違いがあり、そこから分裂が生ずるわけです。

組合併存の多くの場合は、多数派が協調的な組合で、少数派が対向的と言うか、戦闘的と言うか、そういう組合。そうすると使用者のほうはどうしても人事労務政策として、多数派の協調的な組合を優遇するということになりがちです。少数組合に対する、あるいは少数組合員に対する、いろんな意味での差別、組合併存下の差別事件が起こるわけです。

〔高井〕具体的には、どんな差別を会社側は行いましたか。

【宮里】例えば、少数組合に対しては、掲示板を貸さない、組合事務所を貸与しない、団交の日時や回数などで差別するとか、そういう問題から始まって、一番事件として多かったのは、少数組合に所属する組合員に対する賃金差別、賞与差別、昇進・昇格差別という差別ですね。これが非常に多発するわけです。

当時の労働委員会の係属件数の統計を見ると、この時期、事件の半分ぐらいが組合併存下の不当労働行為事件ということだったと思います。

そういう不当労働行為事件を私も一九六〇年代後半から七〇年代にかけて、多数やりました。ちょうど賃金のあり方について、従来は年功型で決められていたのに対して、そこに人事考課が入るという、賃金体系の変更というのもまた背景にあって。人事考課を通じて、賃金を差別しやすくなってくるわけですよね。

〔高井〕そういう具体的な事件としては、どんな事件がありましたか。

【宮里】私が扱った事件をとりあえずザッと挙げてみると。

昭和信用金庫事件。これは一九七六年（昭和五一年）三月二三日に東京都労委で命令が出ました。

それから、東京三協信用金庫事件（一九七九年〔昭和五三年〕四月三日命令）。この二つは上部団体は「全信労」と言ったと思います。

それから、食品のプリマハム事件。化学同盟のニプロ医工事件。さらに全国一般の明治屋事件。これらはいずれも、組合併存下における賃金等の差別事件です。

もう一つ、日立工機事件というのがありますが、これは組合併存ではなくて、組合内の少数派に対する差別事件でした。組合批判派に対して、使用者側が組合内部の対立に付け入って、組合内の少数派を差別しました。日立工機という電機労連の大きな組合でしたけど、そこの中の少数派の皆さんが賃金差別を受けているという事件をやりました。

〔高井〕これらの事件は勝ったのですか。

【宮里】この種の事件は、労働委員会命令のレベルではいずれも勝利していますが、不当労働行為は、はっきりしている事件なんです。だから勝って当たり前の事件でした。ただ、この種の事件は、例えば組合が申し立てをしていても、関係組合員が一〇〇人いるとか。組合が一〇〇人いたら一〇〇人に対する差別です。そうすると、使用者はAさん・Bさん・Cさんの人事考課はこうだと、個別的に理由を言ってくるわけですよ。そうすると、個別にそれが不当だということを、全部本人が反証したりしていると、もう何年かかるか分からないんですよ。

だから我々は、通常のやり方でやっていると、労働委員会の命令が出るのに数年かかる。場合によっては一〇年もかかってしまう。だからこの種の事件についての特別の審理の仕方をしていかないと、救済にならないということで、当時、この事件をやっている中でもいろんな議論をしました。そして我々が編み出した、そして最終的には労働委員会も採用したのが、「大量観察方式」と言う立証手法です。Aさん・Bさんというような個別を見なくても、全体として少数組合派が差別されている、「全体として差別をされている」という、そういう大量的な比較によって、差別がされているということがはっきりすれば、Aさん・Bさん・Cさんという個別のことを言わなくても、それは不当労働行為であるという推認が働くはずです。

そういう推認を打ち破るためには、会社が「Aさんは平均に比べてこれだけ勤務成績が悪いんだ」と、会社側が立証しなければ不当労働行為が成立をするという、そういう「大量観察方式」というのが、これらの闘いの中で工夫されて、労働委員会においても、大量観察方式によって、組合併存の賃金差別事件を判断するという、こういう審理方式が確立をするわけです。

これが確立されたことによって、審理の長期化はかなり是正されました。それでも、普通の事件に比べれば、二倍から三倍かかったことは事実ですけれども。こういう審理方式などによって、救済が図られたと思います。

〔高井〕 これらの事件は裁判所まで行ったのですか。

【宮里】 私が携わった、これらの事件は、すべて地方労働委員会命令を踏まえて、中労委（中央労働委員会）で和解ができています。賃金の実質的な査定の是正という形で解決をしています。

これらの事件で、裁判所まで行って争われたという経験は私は無いですね。

そういう意味で言うと、労働委員会の命令が出れば、中労委で然るべき和解ができるという、なんとなくそういう感触がありましたね。それだけ、中労委の権威、指導力があったということですね。

それから、権威というか指導力という点では、当時の総評も、労働委員会を重視していたんですよ。だから、総評議長が、必ず中労委の労働者委員になっていたんですよ。総評議長の太田薫さんなんか。ナショナルセンターの議長が中労委の労働者委員をやっているということは、労働運動における、中労委の持つウエイトと言うか、そういう意味合いがあったと思うんです。もっとも、総評議長は本来業務で忙しいということで、労働委員会の審理を欠席することが時々ありましたけどね（笑）。

3　労働運動の内容も時代と共に変化

（1）一九七〇年代の労働事件

〔**高井**〕一九五〇年代、六〇年代から、いろいろ労働組合と一緒に弁護活動というか弁護士活動をやってこられたということでお伺いするのですが、僕の記憶では、昔は例えばピケットを張って、「説得ピケ」とか言ってはみても、結構実力で、会社側が来たら排除したりなんかしてたんですよね。

労働運動というのはある意味、あからさまなむき出しの暴力でなければ、かなり実力を伴った抗議行動とかやるのが当たり前だったという印象もあります。しかし、近年そんな話でなくなって、だんだん大人しくなってくると言うか、行動が変わってきたと思うんです。

宮里先生の感想として、そういうふうな労働運動がだんだん行動が大人しくなってきたり、ピケットなんかもやらなくなったりというのは、いつ頃、どんなことで流れが変わってきたとお感じですか?

【宮里】 そうですね、当時の常識からすると、ストライキとなって職場占拠する、「シット・ダウン・ストライキ」というのは、当たり前でした。だから、昔の労働法の本を見ると、職場占拠の正当性なんていうことも、たくさん論じられています。

今はそんなこと、関心もないから、そんな論文は書かれないですね。職場占拠の正当性と、使用者のほうは施設管理権の侵害――「施設管理権」という言葉もだいぶ後になって出てくるんですよ。その頃の使用者は「所有権侵害」とか、そういう言葉を使っていた、だから違法だと。

労組側は憲法二八条による団結権・団体行動権の保障があり、使用者の所有権を制約するのが労働者の団結権じゃないか、という論理です。使用者の方は財産権保障の憲法二九条をもって対抗する構図でもありました。

労働側がさまざまな方法で業務を一定程度阻害するのは、争議行為の範囲内ではないかという議論は当たり前でもありました。
もっとも、ピケットについては原則として、平和的説得を超えると争議行為としては違法になるという、最高裁の判断がかなり早い時期に出されています（三友炭鉱事件、一九五六・一二・一一）。

〔高井〕それは、労働運動の後退の現れでしょうか。

【宮里】戦後の労働運動の変遷を見ると、争議行為が運動的に後退したという側面もあるかもしれません。労働組合の争議行為に対して、司法が非常に厳しい判断をしたといえるでしょう。

〔高井〕裁判所が労働運動における争議行為を縛るというか、職場内の組合活動の正当性を限定的に判断して制約するように変わっていったのですね。

【宮里】私も関与した国鉄札幌運転区事件というのは、駅舎内にある詰所の自分のロッカーに「春闘・合理化反対」の小さなステッカーを貼って、それで懲戒処分されたという事件です。
札幌地裁は、「正当な組合活動ではなく、処分有効」と判断したのでしたが、札幌高裁はそれを覆して、組合活動として正当性を認め、処分は無効と判断しました。しかし、最高裁判決（一九七九・一〇・三〇）は、高裁判決を破棄し、「施設内において使用者の許諾無く使用者の施設に貼り紙をしたりすることは正当な組合活動ではない」、という判決を出すわけです。それがまた影響して、施設内のそういう活動ができなくなっていきました。

〔高井〕一般的には、みんな要求貫徹、ストライキ決行中。貼るのはやめてくれというので、

「じゃあ吊るすのはいいだろう」って。さっきの前中製作所のような。では、今はそれももうダメですか？

【宮里】施設内の、だから会社の施設にビラを貼ったりすると、今の理屈からすると、使用者の許諾の無い企業内組合活動として違法とされる可能性があります。

〔高井〕会社側に争われると、そうなる可能性があるわけですね。

【宮里】リボン着用やワッペンも同じです。国労なんかは、組合バッジまで禁止されましたから。勤務時間中に組合バッジを着用していることは、違法な組合活動だというのです。労働委員会では勝っていたのにですよ。ところが、最終的には、組合バッジの着用も違法な組合活動だと最高裁は判断した。なぜかと言うと、「労働者には職務に専念する義務がある。組合バッジを付けていることは、勤務中に絶えず組合員たることを意識している。意識していることによって、職務専念義務に対する支障が生じる」と、こういう論理だったんですよ。

こういう組合活動に対する非常に否定的な最高裁判決が、相次いで出るんです。それが組合の意識を変えるということにも繋がっていきました。やはり両面ありますね。

〔高井〕そういう判決が出ると、どうしても運動する労働者側がすくんでしまいがちになりますよね。やはり、それは国労の問題が大きかったのでしょうか。

【宮里】いや、必ずしもそうでもありません。一番最初にワッペンの着用が違法だといって問題になったのは、ホテルオークラ事件（大成観光事件）でした。ここで最高裁の判決が最初に出ました。(一九八二・四・一三)。

それから、最も一生懸命にリボン闘争をやったのは、全逓でした。国労以上に全逓は「権利の全逓」と言われて、国労を上回るほど権利闘争に熱心でした。全逓がリボン闘争をやった灘郵便局事件というのがありました。はじめは、正当な組合活動だとされて勝つのだけれども(神戸地裁、一九六七・四・六)、これも最高裁で覆ってしまいます。組合バッジについては、国労の事件で。これらは、要するに、施設内における組合活動禁止、勤務時間内における組合活動禁止ということです。この二つの論理が、いろんな組合活動を規制する大きなものになったと思います。

〔高井〕一九七〇年代で印象的な事件はありますか。

【宮里】一九七〇年代の争議でどうしても言っておきたい事件があります。私は、いろんな整理解雇事件をやりました。その中で、私がやった一番大きな整理解雇事件は、沖電気の整理解雇事件です。これは、一九七八年に整理解雇された事件で、当時、三井三池以来の大量の整理解雇と言われた事件です。

二〇〇人ぐらい整理解雇されたと思います。人数は、正確ではないのだけれど、裁判闘争をたたかったのは九〇人ぐらいでした。これはそれぞれ東京田町工場、八王子工場、群馬県高崎工場など、いくつか工場がありました。係争した裁判所は、東京地方裁判所、東京地裁八王子支部、前橋地方裁判所とか、いくつかの裁判所で訴訟をやりました。それぞれの工場の労働者がいるところでね。

これは当時で言うと、一番大きな整理解雇反対闘争で、最終的には、いずれも判決が出ずに和解で解決をします。変な和解なんですが、闘争している原告の半分、三五名だったという記憶があるんだけど、三五名を復職させるという和解です。

で、三五名を誰にするかは、選別権はこちらにある。会社が三五名を指名して復職するというのは、第二次指名解雇じゃないか、と。「誰を選ぶかを会社が決めるなんてことは認めない、だから復職させるかどうかは我がほうで決める」ということで、我がほうが決めて、リストを出して、その者を復職させるという、非常に面白い争議解決をして三五名が復職するんです。

〔高井〕その三五名のセレクトは、スムーズに行ったんですか?

【宮里】もう少し言うと、この沖電気整理解雇が起こった時に、この整理解雇反対闘争の中で、組合の中に党派的な対立も含めていろんな意見があって。一番多数であったのは、当時で言うと共産党系の活動家グループ。それから当時で言うと、社会主義協会系の活動家グループ。それからもう一派は、その他の、当時で言うと第四インターナショナルとか、その他――いわゆる新左翼系――という、三つのグループに分かれていました。それぞれ三つのグループが「指名解雇反対だ」として別々に独自のビラを撒いているわけです。そういう複雑なものでした。

だから、弁護団もそれぞれ別々。なぜか私のところには――僕は社会党系の弁護士だと思われていたし、そっちの事件が多かったものだから、協会系が頼みに来るかと思ったら、頼みに来なかった(苦笑)。協会系を一生懸命やっている某先生がおられて、その先生が担当された。

その他のグループ、それが一〇人ぐらいいたかな。その人たちは、共産党系の人たちに「一緒にやろうよ」と言ったら拒否されてしまいました。協会系にも拒否された。行くところが無くなって、当時総評の岩井章事務局長のところにそのグループが会いに行った。国労出身ということもあり、面識のあった岩井さんが「宮里君なら党派にかかわらずやってくれる」と僕を紹介してくれました。僕はだからその他のグループの事件をやるようになった。

僕の立ち位置は、どちらかと言うと、総評弁護団という、みんなと付き合っている立場なので、共産党系の人もよく知っているし、いろいろ知っているわけで、僕が仲介の音頭を取るような形になって、三弁護団の会議とかいうのができて、三者の連絡会議もでき、和解に統一した対応で臨み、和解が成立をするということになりました。

半分を選ぶ時には、それぞれの派から半分を選ぶということになって。誰が残るかというのはいろいろ問題があったのですが、半分を選別して使用者にリストを出して、戻ったというわけです。戻った後、ほとんどの人たちは定年まで頑張ったはずです。

〔高井〕これは確かに三グループの中で大変だったんですよね。

【宮里】 後で国労の問題も出てきますけど、国労闘争でも、不採用とされた組合員で結成した闘争団が分かれて、別に裁判をやったりしていろいろ苦労がありました。これも、しかし和解の時までには統一ができて、和解ができたのですけれども。これもグループの中での対立があって、大変でした。

私は、国労の定期大会でいつも組合の皆さんに訴えたのは、「統一無くして解決しません」ということでした。僕は国労弁護団の代表幹事として国労大会で挨拶を毎年するんだけど、馬鹿のひとつ覚えじゃないですが、毎年言いました。「統一無くして解決無し」――そのことを何回も繰り返して。最後は統一ができたので、解決ができたと思っています。

〔高井〕ほかにもありますか。

【宮里】もう一つ残業拒否闘争というのが結構行われていました。残業について、残業命令が出たら、本人の同意なしに残業命令が拘束するか。そういうのが大きなテーマになって、これを巡る事件がいくつかあります（明治乳業事件など）。

僕がやった事件では、東京現像所事件があります。これは一九七九年（昭和五四年）の事件です。労働者が残業拒否をする。そして解雇されるという、残業拒否、解雇という、そういうパターンの事件が結構起こっておりましたが、これもそういう事件でした。

〔高井〕この東京現像所事件の争点はどこにありましたか。

【宮里】大きな争点は「本人の同意無しに残業命令が出せるか」ということでした。この東京現像所事件の東京地裁八王子支部では、その争点を判断して「残業は本人の同意無しには命ずることはできない」ということで、「残業拒否による解雇は無効だ」という判決になったわけです（一九七九・七・二）。

これは判決後復職で解決しております。

〖高井〗裁判所は、その考え方を貫いたのですか。

【宮里】そうではありません。その後、最高裁判所は、「残業は本人の同意無しにも命ずることができる」との判断を示します。残業の根拠となる三六（サブロク）協定が締結をされ、就業規則の中に残業を命ずることができるという規定が書いてあれば、就業規則の規定と三六協定と相まって、残業命令権が使用者にある。従って、応じなければそれは命令違反だという、最高裁の判決が出るんです。日立製作所武蔵工場事件という有名な最高裁判決です（一九九一・一一・二八）。

それ以降、東京現像所のような考え方は、否定されるんです。当時、結構残業拒否で勝利している事件がいくつかあるのですが、いま述べたような判決が出てからは、残業拒否が非常に難しくなったというわけです。

〖高井〗最高裁判所は、労働者に対して厳しい判決を出したのですね。

【宮里】一九七〇年代というのは、ある意味「司法反動の時代」とも言われて、労働者にとって結構厳しい判決が出ているんです。それが少し変わってくる時期が、八〇年代以降出てきますけど。我々は「司法反動」という言葉を使っていました。

〖高井〗残業拒否事件で良い解決結果となった事件はありませんか。

【宮里】非常に良い解決をした事件があります。二〇〇〇年の四月に起こった事件です。船橋東郵便局のある職員が残業拒否をしたということで、懲戒免職を食らうんです。

この事件では、これは国家公務員の事件ですから、人事院で争いました。僕は、これはさきほどの日立の最高裁の判決が出た後の事件でしたので、話を聞いてみて、彼はずっと残業拒否を続けているものですから、懲戒免職一か月、懲戒免職三か月とだんだん処分のランクがあがり、最後は懲戒解雇となるんですよ。これはとても勝てないと思ったんです。しかし、解雇までするのは酷いじゃない、「やってみよう」ということで、懲戒処分取消の申立をしました。本人は全逓の組合員だったけれども、組織としての全逓の支援はありませんでした。

しかし、船橋東郵便局の全逓の組合員有志が支援してくれて、人事院の傍聴にも多数来てくれました。その人たちがいろいろ調べたら、実は当時の船橋東郵便局の全逓の分会は、三六協定を締結しているんだけども、彼を解雇した時の残業協定は、実は全逓が過半数を割っていたということが判明したのです。事業所の過半数組合でないと、三六協定の締結権がそもそも無いんです。

なぜそうなったかと言うと、当時「ゆうメイト」という、今で言う非正規職員をどんどん採用し始めた。そうすると、正職員を組織しているんだけれども、その人たちを組織していないから、事業所単位で見ると、過半数組合としての地位を失っていたわけ。そうすると、三六協定の締結権がそもそも無い。それが分かったものだから、「そもそも残業命令を出す根拠が無い、命令に応ずる義務がない以上、残業拒否を理由とする懲戒免職処分は無効で取消されるべき」と主張したら、人事委員会の採決も、「そもそも三六協定の締結権がない。三六協定は無効である。従って、当局の残業命令は違法無効である。従わなくても何ら問題は無い」、ということで完全に勝利しました。

これも、ひとつの時代的な背景を示していると思うんです。だんだんと非正規が増えることによって、正社員のみが組織している正社員組合というのは、要するに、非過半数組合に転落する可能性がある。そういう端境期の事件だったと思いますね。

これには後日談があって、この裁決が出た後、当時の郵政省が、全国に「三六協定を締結している組合が過半数組合かどうかをきちんとチェックするように」という通達を出しています。

〔高井〕過半数組合ではないところは、選挙して三六協定を結び直せと。選挙しなきゃいけないから。

【宮里】そういう通達を引き出したという、非常に大きな影響力のあった事件です。残業問題にかかわる、想い出のある事件です。

〔高井〕一九七八年（昭和五三年）の東京現像所事件は、三六協定があったわけですね？　あったけども、それは本人の同意が必要だということで、それが後の、日立武蔵事件では覆ってしまったのですね。

【宮里】そうです。残業は本人の同意が必要。だから日立武蔵事件の判決が出るまでには、下級審の段階では、そういう判決がいくつかあるんですよ。「残業に応じなくても良い」という判決が。しかし、最高裁の判決が出た後は、就業規則を使用者側は整備して、「業務上必要がある場合には残業を命ずることができる」というような規定を必ず入れるようになりました。

出向事件として当時重要な日立電子事件にかかわっています。一九六五年ごろの事件で、僕が弁護士になった時には、すでに裁判が始まっていました。これは日立電子の東京にいたエンジニアの労働者に対して、福岡の関連会社の営業に出向を命じた。「出向」という言葉がまだ定着していない時代です。それを拒否して、これも解雇されるという事件でした。

裁判所は、出向は雇用主でない人に、労務に対する指揮命令権を譲渡するという性格があるとしたうえで、民法の中に「承諾無しに労働契約上の地位を譲渡してはいけない」という規定があるんですが（民法六二五条）、それを根拠に、裁判所は、「本人の承諾の無い出向命令は無効である」ということで、労働者を勝たすんです。東京地裁でそういう判決が出ました（一九七三・三・三二）。初めての出向判決です。

私が弁護士になる前から事務所の先輩がやっており、高等裁判所の段階から「手伝ってよ」と言われて取り組むようになったんですけれど、そういう、非常に画期的な判決が出ました。

しかし、これも最高裁で、「就業規則に規定があれば、本人の同意無しに命ずることができる」という、出向に関する最高裁の判決が出るんです（日東タイヤ事件、昭四八・一〇・一九）。

そういう背景の中で、使用者も、必ず今の就業規則はどこを見ても「業務上必要がある場合は、配転または出向を命ずることができる」という規定が入るんです。

（2）一九七〇年代の思い出に残る重大事件

〔高井〕一九七〇年代の特徴として、この時代には、特に親会社、背景資本に対するたたかいというのが、親会社子会社関係などがだんだんと確立してくる中で、親会社に対する不当労働行為責任の追求が問題となってきたと思うのですが、そうしたなかで宮里先生が、とくに思い出に残っている事件はありますか。

【宮里】当時の組合の全国金属などは「使用者概念拡大のたたかい」というような言い方をしていました。雇用関係は子会社だけれども、親会社が実質的に支配していると。そうすると問題解決のためには親会社と直接交渉する必要があるというわけです。

要するに実権を持っているものに対して交渉を求めるという組合運動の考え方。それは法的に言うと労組法七条の使用者は親会社も含むんだという議論になっていくわけですね。そういうたたかいの色々な展開が一九七〇代に入ってなされました。

〔高井〕そういうたたかいとして具体的には、どんな事件があったのでしょうか。

【宮里】私がやったのは、全金東京地本の日本電子金属支部のたたかいです。これは親会社が三菱金属でした。この日本電子金属株式会社の小金井工場を閉鎖をして親会社の系列会社、野田市にある別の系列会社に事業を移すと。工場閉鎖をして。それに対して工場閉鎖反対、雇用を守れというような運動を当時の日本電子金属支部が、全金東京地本の指導のもとに展開をしていくわけです。

組合が親会社に対して団交を申し入れると、「我社は使用者ではない」ということで団交を拒否される。そこで組合は工場閉鎖反対ということでストライキをやり、港区にあった三菱金属本社の前に組合員が当時一五〇名が集合をしてシュプレヒコールをやって本社の敷地内に立ち入って、玄関のところで団交に応じろというシュプレヒコールをやりました。「会社から出ていけ」と言われたんだけれど、そこで座り込む。玄関ですよ、中には入っていない。それに対して会社が建造物侵入罪で警察に介入を要請して、建造物侵入罪で四名が逮捕起訴されるという事件でした。同時にその行動に参加した、逮捕起訴された人間は解雇もされました。一九七七年（昭和五二年）の事件です。

〘高井〙その全金東京地本の日本電子金属支部事件は解決したのですか。

【宮里】一九七八年（昭和五三年）九月に解決します。解決の中身は三分の一は小金井工場に行って、残りは退職ということで、争議は解決するんですけれども、刑事事件は残って、これは最終的に起訴されたものは罰金刑ですけれども残念ながら有罪になりました。罪名は建造物侵入罪です。

〘高井〙それは労働事件でよくあることなんですか。有罪というのは。

【宮里】結構ありましたよ。

〘高井〙結局、その小金井工場閉鎖そのものはどうなりましたか。

【宮里】閉鎖は実行されました。

〔高井〕それで、三分の一の人が行ったのはどこですか。

【宮里】新しい別の子会社の野田市にある工場に希望する人はということで、三分の一の人は行くことになり、後は退職するという結果です。そういうことで、解決金その他で一応、争議は解決をしたけれども。残念ながら刑事事件としては有罪になってしまいました。

〔高井〕これは勝ちなんですか、負けなんですか。

【宮里】いや、まあ、それは中々、勝ちか負けかと言われるとむつかしい。まあなんでしょうね。最終的には親会社を交渉の場所に引っ張り出して解決をしたという点で言うと一定の勝利と評価できるでしょう。親会社を引っ張り出さないと解決できなかった。親会社の関連子会社に雇用するわけですから、親会社がうんと言わないと出来ないわけですから、そういう意味でいうと、刑事弾圧は大きな打撃でしたけれども、健闘したといっていいのではないでしょうか。

【宮里】建造物侵入は有罪だけど、執行猶予ついてたんですよね。

〔高井〕もちろん執行猶予はついてます。労働事件で、僕の知っている限り労働争議がらみで有罪で実刑になったのものは無いですね。建造物侵入罪なんかも法定刑としては、懲役と罰金があるんですが、懲役になることはめったになかったと思います。

〔高井〕七〇年代で、他には印象に残る事件はありませんか。

【宮里】日本旅行社事件をあげたいと思います。Japan Travel Agency Limited、ＪＴＡというこれは香港法人なんですね。日本国の法人ではなくて。その日本旅行社の組合員一三名が全員解雇されるという事件でした。組合は一九六六年に結成をしていたんですけれども、非常に前近代的な会社で、例えば社会保険にも入ってなかったとかいうようなこととか、労働時間が、当時でいうと二四時間三六五日働けみたいな思想の会社だったらしくて、労働時間がめちゃくちゃだというので、組合を作る前に有志で労働条件改善の申し入れ書を出すんです。これは全然相手にされずに、「こんなものを書いたやつは誰だ」と、解雇をほのめかされるんですね。そういうこともあって、この要求書に名を連ねた人たちが組合を結成した。

結成が一九六六年で、たたかいは一九七四年です。組合を立ち上げて労働条件の改善を求めてストライキをやるわけですね。それに対して会社が全員解雇したという事件です。

これは当時でいうと、観光労連が結成されたのが一九六六年、結成された観光労連が総力を上げて支援したはじめての本格的大争議だったと思います。東京都労にも不当労働行為の救済の申立をして、解雇は不当労働行為であると、全員解雇撤回の救済命令が出されました。これに対して会社は中労委に再審査を申し立てる。また、同時に裁判所にも解雇無効の地位確認、賃金仮払いの仮処分を申請したのですが、これも全面的に認められました。

〔高井〕それで、結末はどうなりましたか。

【宮里】四年間のたたかいを続け、最終的には、再審査事件がかかっていた中労委で、和解解決をして七名が現職復帰、その他は退職という形で解決をした事件です。

これは観光労連が総力を上げた争議だということで、その後の観光労連の運動にも歴史的な意味を持つ闘争だったのではないかなということで、強く印象に残っている事件でした。以後現在に至るまで観光労連（現サービス連合）傘下のさまざまな事件にかかわってきました。

（3）一九八五（昭和六〇）年代以降の労働事件

〔高井〕では、昭和六〇年代以降に入りたいと思います。ちょうど一九八五年に、派遣法が成立をしました。僕はそれを勝手に「派遣法時代」と呼んでいるんですけれども、全く別の今まで禁止とされていた働き方を法律的に容認したという時代に入ってきました。社会に大きな影響を与えるんですが、これが国会で審議されている時に、先生は参議院の公聴会に参考人として出られて、論陣を張っておられますよね。

【宮里】派遣法については、当時労働組合は強い反対闘争を展開しました。日本で初めて「派遣」という、雇用主が自ら指揮命令権を行使しないで第三者に委ねるという間接雇用方法式が導入されるわけです。

それまでは、職業安定法によって、いわゆる派遣は禁止されていました。ですから、派遣を認めるというためには、職業安定法改正をして、新たに派遣労働というものを容認する立法が必要となるわけです。

派遣法の背景は、むしろ高井さんのほうがよくご存知かもしれませんけれども、直接雇用だけでなく、多様な雇用形態によって、企業側の人件費負担の軽減だとかいろんな背景があります。

それから諸外国にも同様な方式があるということで、我が国においても派遣を導入しようと。しかし、大きな問題がありますから、強い反対運動がありました。

国会の参議院での審理の段階で、学識経験者の参考人として招致されて、派遣法について、派遣労働の本質に触れて、反対論を展開しました。我が国の雇用形態を大きく変貌させることに繋がる、派遣労働者の権利が十分保障されていないというようなことを、いろんなことを言った上で、「派遣労働の法制化には反対である」という意見を述べました。

〖高井〗派遣については法制化を推進する論者もいましたね。

【宮里】当時推進論を唱えていたのは、派遣制度を導入すべきであるという研究報告書を出した信州大学の高梨昌先生です。高梨先生が意見開陳されました。

高梨先生は、「派遣労働を容認すべきである。弊害は無い」と主張しました。弊害が無いと言ったのは、当時の派遣法は、非常に専門的な、高度な専門的知識経験のある労働者に限っていたからです。派遣は、あくまで原則禁止なんです。例外的に、専門的な業務について派遣を認めるというものです。

専門的業務というのは、賃金も高いし、特殊な専門職に限って認める制度なんだということを高梨先生は強調されました。僕は、「いや、一度そういう制度ができると。今は限定されているけれども、どんどん広がっていくんじゃないですか」と反対意見を述べました。

議事録に残っていると思いますが、確か「蟻の一穴」という言葉を使ったと思うのです。

労働者派遣法案について、参議院労働委員会で参考人として意見開陳する筆者（一九八五年五月二九日）

〔高井〕しかし、派遣法は成立してしまいましたね。

【宮里】残念ながら派遣法は通りました。

その後の推移を見ると、当初一三業務で出発したのが、二年後ぐらいに二六業務に広がって。そして、一九九九年の改正では原則容認、例外禁止。いわゆるそれまでのポジティブ方式からネガティブリスト方式に変わっていくわけです。

原則容認、派遣期間の制限撤廃と、いろんな意味で派遣規制がズルズルになって今日に至っています。派遣労働全面解禁に繋がって。一九八五年（昭和六〇年）の派遣法制定時に指摘された派遣労働の持っている問題点、あの時に指摘した問題点は、拡大・拡大で来て今日に至っているんですけれども。あの時に派遣労働に反対した理由が、結果としては予想が当たったという、あまり嬉しくないことなんですけれども、そんな感じがしますね。
その後、私はどこかのセミナーで高梨先生と同席したことがあって、「宮里さんと国会でやりましたね」とかいう話になり、高梨先生は「私も、派遣がこんなに広がって、こんな問題が出るとは、当時予想もしなかったよ」と、述懐されていました。

〖髙橋均〗（以下〖髙橋〗）高梨さんは最後までネガティブ化に反対していました。

【宮里】そう。「今の事態は私も賛成できない」とはっきりおっしゃったんです。

〖髙橋〗あの方は、結果的に、厚労省の審議会の委員を外されるんです。委員長をやっていたんですが、「ネガティブ化は絶対駄目だ、ポジティブでやるべきだ」と主張して、結局は委員を外されるんです。

【宮里】善意で論を展開して、やはり最後は学者としての良心が疼いたのではないかと私は思います。

〖高井〗派遣法は、それまでずっと労働組合その他、みんな反対していたわけです。ところが、当時の電機労連が賛成しちゃうわけです。当時は中立労連（中立労働組合連絡会議）でしたか、中立労連の大会でも、電機労連の転換をうけて派遣法推進に変わるんです。それから一気呵成に派遣法を作るという話になって、今みたいな話を続けていくんですよ。

〖髙橋〗別に電気労連を応援するわけではないけども、システムエンジニアというのは、元々派遣でやっていたわけです。請負だろうけども派遣的に。だから、コンピュータがワーッと盛り上がっていった時ですから、電気労連は派遣法を認める方向に舵を切ってしまったんだと思うんですね。

【宮里】それはあると思います。業務委託方式よりも、むしろ雇用なので派遣も、よりましだという発想はきっとあった思います。だから、その代わり限定的にやるのだということで…。

〔高井〕しかし、それがなし崩しになっていってしまった一番大きな要因は何でしょうか？

【宮里】規制緩和の流れでしょう。労働法制の規制緩和という大きな流れの中で、従来の規制立法が見直されていく過程ですよね。

〔高井〕でも、それは労働者保護とは遠くなってきますよね？

【宮里】労働者保護の規制を緩和する、雇用の流動化を図るという、大きな雇用政策の柱がありますよね。経団連はこれを推進したわけです。

〔髙橋〕僕が反省しているのは、添乗員も脱法行為で請負でやっていたんです。それで、どうするかという議論がありました。

【宮里】そうそう。報告書の中にも、違法な業務委託だとか、違法な方式が行われているので、派遣法を作って法の枠の中に入れる、法の枠内に取り込むことによって、より適切な規制ができるという発想。それがあったことは間違いありません。

〔髙橋〕それは善意からの発想ですよね？

【宮里】発想それ自体は善意ではないですか。

〔**高橋**〕僕らは反対してやっていたんだけど、高梨さんにそういう話をしたら、そんなに言うなら、労働者供給事業でやればいいじゃないかと。労働組合がやればいいじゃないかというので、職業安定法四五条で、労働組合だけ認められているんです。一九八五年（昭和六〇年）に、労供事業が実質的な「派遣」を僕はやった。旅行添乗員の供給事業ですが、結局は派遣会社にして。今はちょっと大変ですけれど、もう三五年存在しています。

あと、あの時、「ファイリング」って、何のことか全然分かりませんでした。よほど専門的な業務なのかなと。聞くのもちょっと恥ずかしい気がした記憶があります。やはり、宮里先生の言われたとおり、「蟻の一穴」だったんですね。

〔**高井**〕ファイリングというのは、例えば磁気テープなどを高度に管理する人、ほんの一部そういう人がいるんです。そこを取り上げて「ファイリング」という名前を付けて、一般事務にしてしまったのでした。「一般事務」とは言えないから、一般事務は専門的でないから、ファイリングという名目で事実上、一般事務を派遣法の中に導入してしまったわけです。

派遣法の話をするとキリがありませんが、大きな問題ですね。まさに「蟻の一穴」ですよ。

【**宮里**】アベグレンという、アメリカの研究者が言いましたね（『日本の経営』一九五八年）。日本の高度成長を支えた三種の神器として「終身雇用制」、「年功型賃金」、「企業別労働組合」。この三つが日本の高度成長を支えたと。

規制緩和の中で、有期雇用者や派遣労働者が増えて、正社員中心の生涯雇用制度が変わってくる。また、賃金では職務給とかそういうのが増えて、年功型賃金が崩れる。そういういろんな流れの中で、派遣労働が広がっていく背景が形成されてきました。

〔高井〕八〇年代で、そのほかに印象に残る労働事件はありますか。

【宮里】そうですね、八〇年代で言いますと、日産ディーゼル分会のたたかいです。川口工場を上尾に移転すると言う問題が起こって、それに対して組合がこれに賛成をした。ところが組合員の三名がこの組合の方針に反対をして全面閉鎖に反対をするという、本当に三人なんですけどね。その三人がそういう強い意見を言って、日産労組を脱退をして、組合の方針には賛成できないというので、日産ディーゼル労組を脱退をして全国一般日産ディーゼル分会というのを立ち上げるんです。

〔高井〕その三人は、どんな活動をしたのですか。

【宮里】工場閉鎖反対を叫んで、正門前で反対のビラ貼りをやったり、全国一般というのは企業を超えた組織ですから、当然分会が出来たので、全国一般が支援に駆けつけるということで、正門前のビラ配布などは全国一般のみなさんが一緒にやるということで、この運動を展開をしていました。工場移転が一九八六年（昭和六一年）一二月ですね。これに対してビラを撒いていた組合員二名が解雇されたという事件です。

この内の一人が、名前を出していいかと思いますが、嘉山将夫さんといって、後に埼京ユニオンという労働組合を立ち上げてずっと埼玉地域における中小の組織化運動に一生懸命頑張られた人です。

〔高井〕この事件も結果はうまくいったのでしょうか。

【宮里】都労委で救済命令が出ます。裁判でも解雇無効の仮処分決定が出ます。都労委の救済命令を維持する中労委命令も出ます。会社は命令取消の行政訴訟を東京地裁に出しますが、中労委の申立により裁判所から緊急命令も発せられて、二名は復職できる条件が整ったのですが、緊急命令が出た後、会社と交渉して和解で解決をして、全員会社には戻りませんでした。

解決する一九九九年（平成一一）九月まで五年のたたかいをした事件でした。

〔高井〕嘉山さんも復職しなかったということですね。

【宮里】そうです。嘉山君はこの事件で得た解決金を埼玉における組合立ち上げのファンドにしたんです。

先だって残念ながら嘉山君は亡くなりましたけれども、嘉山君が組織した埼京ユニオンのいくつかの事件を彼の紹介でやっています。

〔高井〕それから、八〇年代において有名な東芝府中人権裁判という事件がありましたね。この事件の概要からお願いします。

【宮里】私の想い出に残る重要な労働裁判の一つだと思います。この事件は、今で言うとパワハラ事件ですね。事件が起こったのは一九八一年（昭和五六年）で、当時はパワハラという言葉も存在していませんでした。

【高井】昨今はパワハラ事件は多いですよね。

【宮里】そうなんです。ご承知のように、今、都道府県労働局の労働相談件数で、この数年、パワハラ、いじめ・嫌がらせ事件が断トツなんです。しかし、この事件当時は、まだそんなに多くはなかったと思います。社会がまだ気づいていなかったというか、一般の意識としてパワーハラスメントというものへの認識があまりなかったともいえるでしょう。

【高井】パワハラの内容はどんなことだったのでしょうか。

【宮里】東芝府中工場で働いていた――名前は言っても良いと思います。今は現役で労働組合の活動を熱心にやっている人ですから。上野仁君です。一九八一年の八月に起こった事件です。

東芝府中工場には東芝の労働組合がありました。しかし、一部の組合員有志が『働く者の新聞』というのを独自に作って、春闘の際に、「春闘を働く者の手に！　今や八％の攻防、これで生活を守れるのか」というビラを職場の同僚に配布しました。それを彼の上司である製造長が、彼を翌日に呼び出して、「昨日のビラは何だ、始末書を書け、原文は俺が書く、オマエはそのとおりに書いてハンコを押せ」というようなことを言って。何かにつけて彼の挙動に因縁をつけ、要するに、組合を批判したことに対して、上長が彼に対してそういうことを迫ったのです。彼がいったん断ると、執拗に「反省書・始末書を書け」ということで迫られたわけであります。

【高井】その上司は、強圧的に彼に迫ったんですね。不当労働行為の典型ともいえる強要ですね。

【宮里】最終的には始末書・反省書を書くようになるんですが、それ以降は職場長に目を付けられて、あらゆる行動が監視されるわけです。例えば「機械の後片付けのやり方がまずい、遅い」とか、「作業日報を本日中に書くべきだったが、書かなかった」とか。それから酷いのは「就業時間中に目を一〜二分つぶっていた」というようなことまで含めて。それから彼がトイレに行っている間の時間もストップウォッチで測って、「トイレの往復に何分掛かった、そんなに時間が掛かるはずがないだろう、始末書を書け」――こういう始末書・反省書の作成・提出を多数回にわたって強要をされて、ついに彼は精神的におかしくなってしまいます。

ある日「反省書を書け」と言われている時に、一種の発狂したような状態になって、「助けてくれ！」と言って職場から外へ飛び出しちゃうんですよ。そして工場近くのお医者さんに飛び込んだら、「心因反応」という診断書が出るんです。それで彼は一〇日間会社を休むんです。休んで、その後は、彼と一緒にビラを配布している同僚の仲間に激励を受けて復帰するんだけれども、復帰をした時に、一〇日間休んだので賃金カットされたわけです。それで、仲間と一緒に私の事務所を訪ねてきました。

〔高井〕そのときの彼はどんな様子でしたか。

【宮里】その時の印象が強く残っているのですが、本当に真っ青な顔をして。話を聞いていると、このまま彼を放置したら自殺してしまうのではないかと心配になってしまうような状況でした。彼が自殺しなかったのは、彼を支える職場の仲間がいたということが大きいんですけれども。それで仲間に激励されて、「これは放置できない。会社を相手に然るべき対応をしよう」というので、とりあえず私と事務所の同僚の弁護士の二人の連名で、東芝社長宛に「こういう問題が起こっている、ただちにやめさせるように指導して欲しい」という文書を内容証明で送りました。

〔高井〕それで上長のパワハラは止まったのですか。

【宮里】はい、これ以後、反省書・始末書を書けという行為は止まるんですよ。止まるんだけれども、やっぱりこのまま放置しておいてはいけないということで、きちんと責任を追及しようじゃないかということで、仲間の激励もあって、東芝を相手に損害賠償訴訟を起こした、という事件です。

彼は、職場でも、いわゆる「職場八分」の状態ですね。——社内食堂で彼がメシを食っていると、彼の周辺には誰も近づかない。彼は職場でも非常に孤立させられるわけです。一九八二年（昭和五七年）一月二一日に東芝といじめ・嫌がらせをした上司に対して、慰謝料の支払およびカットした賃金五万五〇〇〇円余りを支払えという訴訟を起こしました。

〔高井〕パワハラをした、上司個人も被告にしたんですか？

【宮里】上司個人も被告にしました。判決が一九九〇年（平成二年）の二月一日に出ました。慰謝料の支払およびカットした賃金全額を払えということでありました。

判決を見ると、全ての反省書・始末書が嫌がらせ行為とは認めてはいないのですが、いくつかの件について、「明らかにこれは上司としての指導・監督を逸脱していて、違法行為である」ということで、上司および会社に対して損害賠償を命じたというものです。

〔高井〕これは当時、非常に大きな反響を呼んで、当時の新聞でも「東芝で職場いじめ」というような記事が載ったりしましたね。

【宮里】我々も、判決が出た時、記者会見もしました。当時、社会的にも大きく注目を集めた事件です。

会社は、東京高裁に控訴をしましたけれども、高裁の審理が始まるとすぐ会社には、訴訟を取下げ一審判決が確定しました。

それは、本当にユニークなんですが、裁判所が文書で取下げ勧告書というのを出したんです。

〔高井〕高裁がですか？

【宮里】東京高裁が、こういうことを勧告書に書いたんです。「使用者は、企業秩序維持のため、労働者に対する指揮・監督権限を有するが、この指揮・監督権限の行使にあたっては、労働者の人格・人権を尊重した合理的なものでなければならない」——ということを述べたうえで、文書で取下げ勧告書を出しました。これを受けて、会社のほうは取り下げるんですね。

高裁判決で、もっと一審よりさらに良くない判決が出るかもしれないということを恐れたんじゃないでしょうかね。東芝という大きな企業ですから、企業イメージの問題もあるし、それで取り下げをして確定をしたという、そういう経過を辿った事件です。

〔高井〕この種の事件では、上長と彼とのやり取りが一対一のやり取りなので、「こういうことを言われた」「こういう発言をした」と言っても、上司が否定することもありえますよね。

【宮里】そうです。実際、加害者の職場長本人は「私はそんな強い言い方はしていない、強要はしていない」と強く否定しました。

決定的になったのは、上野君が毎日「職場日記」という日記を付けていたんです。いつ・どういうことを言われた、何時頃とか、詳細に彼は書いていたんです。結果として、これが非常に有力な証拠になって、いくつかの相手側が認めなかった事実を裁判所は認定をした、ということです。

〔高井〕裁判において私人の日記や手帳も有力な証拠となるという話は聞いたことがあるのですが、この事件の場合、どういう点が証拠としての信憑性があると判断されたのでしょうか。

【宮里】上野君は、「職場日記」で、日常的に東芝府中工場における、いじめ以外の人事労務管理の実態を感想的に書いていたんです。これは事後的に証拠とするために作成したりすることができるものではありません。それぞれが起きたときに書いたものだったのです。それも詳細な記述でした。

これに注目したのが、当時甲南大学教授であった熊沢誠先生です。熊沢誠先生は、上野君に対するいじめ問題もとりあげた『民主主義は工場の門前で立ちすくむ』という本を書いておられます（一九八三刊、一九九三年に「現代教養文庫」社会思想社）。その本の中に、日本の大企業における労務管理の実態。そこで労働者の人権などがどう扱われているか。それに対して、組合がきちんと対応していないという組合批判も込めて——特に大企業について——書いているんです。熊沢先生は、何回か直接、熱心に傍聴にもお見えになってくださいました。上野君を支援する「東芝府中工場から職場八分をなくし上野さんを守る会」というのが結成されたんですが、この会の支援活動も一生懸命やっていただいた先生です。

我々は、高裁で熊沢先生に鑑定意見書を書いてもらいました。法律論の鑑定意見書が証拠として提出されるのはよくありますが、熊沢意見書は、なぜ大企業でこういう人権侵害が起こるかという大企業の労務管理の本質論にふれるものです。鑑定意見書を高裁で出したんです。

そういうのも影響したかもしれませんけど、さっきのように取り下げという形で解決をしました。

〔高井〕社会的にも注目された事件でしたから、会社側も必死だったでしょうね。

【宮里】はい、これは非常に会社のほうも重視した裁判でした。東京地裁の八王子支部の法廷には一〇〇人ぐらいの傍聴席があるのですが、毎回、会社が東芝府中工場の管理職多数に傍聴動員をかけていました。こちらも傍聴者を集めましたので、毎回法廷はすごい緊張感がありました。会社側の傍聴者は、上野君の監視に来ているという感じでした。

〔高井〕それは、ある意味で異様な光景かもしれませんね。

【宮里】そうなんです。会社側は気になるから大量の傍聴者を毎回動員したのでしょうが、そのことが、かえって異常な雰囲気を裁判所に感じさせたのかもしれません。そういう特異な経過を辿った事件として、大変記憶に残る事件です。

〔**高井**〕この事件は「東芝府中人権裁判」と呼ばれましたが、労働事件として、また弁護士として宮里先生は、どのような感想をお持ちになりましたか。

【**宮里**】この裁判で私が良かったと思うのは、きちんとした対応をしなければ、いじめが続き、彼は本当に自殺に追い込まれてしまう危険性も強かったのです。その状況下で、この裁判を闘うことによって、彼が本当にだんだん元気になっていったんです。

傍聴だとか支援集会だということで、目に見えるかたちで多くの仲間から支えられたということもあって、裁判の過程で上野君がだんだん元気になっていきました。それ以降、他の労働者に対してはいじめ的なことをやったとしても、上野君に対しては腫れ物に触るように何もやらない（笑）。だから彼は最後は定年まで働いて、現在もまだ定年後再雇用で働いています。

〔**高井**〕それは何よりですね。上野さんは、その後、労働運動にはどのように取り組んでいったのですか。

【**宮里**】非常に元気になった彼は、自分で主宰して「ユニオンくつろ木・北多摩支部」という組合まで作って、いろんな運動を展開しています。

ひとつ言えるのは、労働者が裁判に立ち上がった時に、その裁判をする原告当事者として、ある意味で成長できるということです。特にいじめとかハラスメント被害にあったという問題ではそうなんです。いじめで泣き寝入りをしてしまうのか、そうではなく立ち上がって抵抗して反撃するかによって、その後のその人の働き方、生き方、人生そのものに影響するという気がしています。

『上野裁判の想い出』という、最近この事件を振り返る記録集が出ました。その中で私は、上野裁判を振り返り、「裁判には自己回復・自己再生の機能があるのではないか」ということを書きました。上野君を見ていると、そういう気がします。

【高井】普通の人にとって、裁判をするというのは非常に抵抗感があったり、大変な経験ですよね。時間的にも精神的にも負担は、けっして小さくはないですから。裁判に負けるかもしれないですし。

【宮里】もちろん、裁判で負けてがっくりして、その後の人生がどうなるのか危惧する場合もあります。全部がそうだとは言いませんけれども、上野君について言えば、彼は裁判をやったことによって非常に元気な、職場でも言いたいことを言えるようになり、そして困った人がいたら支援する。彼自身がそういう労働者に育つことができたという意味でも、この裁判は労働弁護士としての私にとって、想い出の深いものになりました。

(4) 平成(一九八九年)以降現在まで

【高井】平成になってから現在までで、印象に残っている労働事件はありますか? まずは、直近のものから、どうでしょうか?

【宮里】一番直近のものからいくと、今私がやっている事件の大きな分野の一つでもあるんですけれども、正規労働者と非正規労働者の賃金・労働条件格差を巡る裁判です。先日、最高裁から日本郵便事件など、二〇二〇年（令和二年）一〇月一三日と一五日に判決が出ましたけれども。

この問題について最高裁の判決が最初に出たのは、二〇一八年（平成三〇年）のハマキョウレックス事件と、長澤運輸事件です。

いずれも、正規と非正規の処遇格差が、旧労働契約法二〇条の、期間の定めがあることによる不合理な労働条件に当たるかどうか争われた事件です。労契法二〇条は、新パート・有期労働法八条に吸収されましたので、現在では旧労契法二〇条裁判ということになります。

私はこの長澤運輸事件という定年後再雇用についての事件を担当しました。定年後再雇用された労働者が、定年前と比べて、定年後に有期雇用になることによって処遇が変わることの是非が争われた事件です。

〔高井〕長澤運輸事件のポイントはどこにありますか。

【宮里】長澤運輸事件では、いろんな手当の支給差別を争ったんですが、最終的には裁判所は、「精勤手当を支払わないのは不合理である」と判決しました。そして、「精勤手当を時間外労働手当の算定基礎に含めなかったのは不合理である」という判断をしました。

その他の諸手当については、定年後再雇用というのは、定年前の雇用と違って、六五歳までの限られた雇用である。定年によって退職金も清算されている。さらに年金を受給する資格も生じる、というようなことからすると、労働内容は基本的に同一であっても、そういう事情を考慮すると、定年後再雇用の人については、労働条件の相違が禁止されるのは非常に限定的なものに限られるとしたうえで、精勤手当というのは、真面目に休まないで働いた人に出るわけだから、それを有期と無期で分けるのはおかしいということで、不合理とされたのですが、それ以外は認められませんでした。最高裁判決は、定年後再雇用という点を非常に強調したわけです。

〔高井〕ハマキョウレックスの方はどうでしょう。

【宮里】ハマキョウレックス事件は、通常の正規と非正規の差別ですが、手当ての相違・不支給を全部不合理だと判断しました。これは通勤手当も、正社員に五〇〇〇円、非正規は二〇〇〇円という、この差も同額でないと駄目だというようなことです。

〔高井〕今回出揃った最高裁判決の意義はどのようなところにあるのでしょうか。

【宮里】扶養手当などの諸手当について不合理だという判断をしました。この意義は小さくないと思います。多くの企業が見直しを迫られるでしょう。ただし、賞与と退職金については不合理とは言えないという、問題をはらんだ判決です。

ただ、いずれにしても、今回五つの判決が揃って、そして新パート法八条というのができました。不合理な労働条件は禁止されるという、そういう意味での社会的な世論が形成されたと思います。

判決の一般論は、賞与も退職金も、不合理になることはあり得ると言っているんです。賞与は差別しても良いとか、退職金は格差を設けても良いとは言ってないんですよ、一般論は。一般論としては、不合理な差別になり得る場合もあり得ると。ただし、それは企業において、退職金をどういう方式で定めているか、賞与の性格はどうなのか、それらはそれぞれの企業ごとに個別に判断をすべきだということです。

一連の判決、そして新パート有期労働法の制定、施行によって同一労働・同一賃金に向けた気運は、かなり強まりました。あとは、労使に問題が投げかけられたんじゃないですかね。労働組合がどう見直しを求めていくのか、どのように改善を求めていくのか。労働組合の無いところは、使用者が率先してやってくれるかどうか厳しいかもしれないけれども。少くとも労働組合のあるところは問題提起をして、現状の格差を総点検をして、適正なものとするよう是正を求める取り組みが必要ではないでしょうか。そのチャンスが到来したと捉えて欲しいと思います。

〔高井〕そういう状況の中で、宮里先生は何がいまの労働組合において問題だと思いますか。

【宮里】組織率が一六％台しかない最大の要因は、四〇％の非正規労働者が労働組合に入ってないということですよね。

だから、同一労働同一賃金問題は、非正規と労働条件の格差是正の問題のみならず、正規と非正規の連帯、そして団結をどうやって作り、拡大していくかという、その問題と不可分だと思うんです。

非正規と正規の格差が団結の壁になっている。この団結の壁を壊さないと、非正規は組合に入ってこないんじゃないですか。だから、差別を無くすという運動と、組織化は不可分一体ではないでしょうか。今回の一連の判決をそういう風に受けとめて、運動が広がっていくことを強く期待していますし、私もあちこちでこのことをアピールしたいと思っています。

〔高井〕宮里先生は、これまで多くの最高裁判所の判決に関与されていますよね。

【宮里】重要な最高裁の判決に関わったことがいくつかありますので、それを少し紹介しておきます。

まず一つは、朝日放送事件です。一九九五年（平成七年）二月二八日の最高裁判決があります。これは、大阪の朝日放送の事件ですけれども、私は大阪の弁護団から頼まれて、最高裁段階からこの弁護団に入って、最高裁で弁論しました。

〔高井〕朝日放送事件の争点はどんな点でしたか。

【宮里】労組法上の使用者は誰かというテーマです。雇用主に限らず、例えば親会社だとか、そういう関連会社とか、直接の雇用主でないものも、労組法上の使用者になり得るかどうかが争われた事件なんです。

団交事件なんですね。団体交渉に応ずる義務のある労組法七条の使用者は誰かという問題なんですけれども。最高裁判所は、「雇用主以外の事業者であっても、労働者の基本的な労働条件等について、現実的かつ具体的に支配、決定することができる地位にあるものは使用者と認められる」、と判決したのです。

この朝日放送事件では、朝日放送が番組の下請けに出している番組下請会社に雇用されている労働者が、朝日放送の番組制作現場で働いているわけです。その人たちが、「休憩室の設置」とか、そういう要求をして団交をやったわけです。それは使用者ではないからと拒否されてしまいました。

基本的労働条件に対して影響力・支配力を有している者について使用者性を認めた、という意味では、雇用主に限られているという従来の考え方を広げて、使用者概念を広げたという点では意義ある判決ですが、見方を変えれば、一定の限界を設け、単なる支配力・影響力だけでは駄目という点では、問題ある判決という評価もできます。

〔**高井**〕労組法上における労働者性が問われた事件で最高裁判所で判決が出された事件もありますね。

【**宮里**】業務請負とか、委託とかいうことで働いているのは、雇用ではないけれども、団結権や団交権が保障される労働組合法上の労働者ではないか、という問題が起こってきたわけですね。

雇用ではなくて、雇用によらない働き方が増えているという状況、つまり業務委託などの形態をとっていることが背景にあるわけです。それについて最高裁が二〇一一年（平成二三年）の四月一二日に、新国立劇場運営財団事件という、これはオペラ合唱団の合唱団員の事件で、この事件を担当いたしました。

この事件では、合唱団員の労働者性が争われて、最高裁判所は、労働者性を認めて、「団交拒否をしてはならない」という判決を出しました。最高裁判所は、労働者性を否定した高裁の判決を覆しました。労働委員会は使用者性を認めたんですけど、裁判所は否定して、最高裁が労働者性を認めた。労働者というのは、必ずしも雇用主に限らない、その労働者を企業が組織的に組み入れている、あるいは、契約内容を一方的に決定している、報酬の労務対価性がある、広い意味での指揮命令下にあるなどの諸要素を総合考慮して、労働者性を判断したんです。

雇用によらない働き方が増えるなかで非常に重要な意味を持つ判決ですね。この事件でも、私は最高裁で弁論する機会がありました。

〔高井〕宮里先生は、何度も最高裁判所で弁論をされていますよね。

【宮里】結構弁論をする機会がありました。

弁論をする時、厳しく時間を限定されていますので、どういうアピールをするか、どういう印象的なプレゼンをするか、スピーチをするかと、いつも考えるんですよね。

私が最高裁で弁論をした労働事件をざっとあげると、

①国鉄郡山工場年休事件判決（一九七三・三・二-年休権の法的性格）、②国鉄札幌運転区事件判決（一九七九・一〇・一三-企業施設利用の組合活動の正当性）、③朝日放送事件判決（一九九五・七・二八-労働組合法上の使用者）、④大星ビル管理事件判決（二〇〇二・四・二八-休憩時間）、⑤東朋学園事件判決（二〇〇三・一二・四-産前産後休業と出勤率一時金）、⑥新国立劇場運営財団事件（二〇一一・四・一二-労働組合法上の労働者）、⑦長澤運輸事件判決（二〇一八・六・一-定年後再雇用の処遇格差）などです。

いずれも重要な判例となっている最高裁判決ですが、労働者の権利という点からみると、評価できる判決もあれば、そうでない判決もあります。

最高裁弁論の思い出といえば、やはり初めて最高裁の法廷で弁論した年休権の権利としての確立に大きな影響を与えた国鉄郡山工場事件ですかね。私は「年休権と時季変更権」というテーマで弁論したのですが、初めて経験する最高裁法廷での弁論、何度も家で声を張り上げて弁論のトレーニングをしたことを思い出します。

この弁論は、当時国鉄労働組合弁護団の代表幹事をされていた大野正男弁護士（後に最高裁判事に就任）と一緒にしたのですが、大野弁論は、「本件の意義は何か。年休という労働者にとって重要な権利が真に権利として実効的に保障されることになるか否かが問われているのが本件の意義である」ことを強調した名弁論でした。私も、最高裁で弁論するとき、常に、「本件の意義は何か」を強調することを心がけてきたつもりです。

この新国立劇場の事件では、音楽家ユニオン（日本音楽家ユニオン）が世界の合唱団にアンケートを取った。どこの合唱団も、イタリアもアメリカもみんな「ウチの合唱団は労働組合を作っています」という回答が返ってきた。そういう具体的アンケート結果をもって、高裁判決を批判し「世界における常識が、日本における非常識になっております。日本における常識は、国際的には非常識であります。裁判所は、常識を取られるんですか、非常識を取られるんですか？」という弁論を最高裁判所の法廷でしたわけです。

「単に個人の問題ではないんです。労働者として認めよというのは、まさに合唱なのでありま
す」とやりました（笑）。そういう、合唱団員の事件だから、アリアではなくて、「合唱だ」と言
おうと思ったんだけど（笑）。

〖高井〗 そういうことを工夫するというのは、宮里先生は常に意識しておられますよね。長澤運
輸事件でもありましたね。

【宮里】 長澤運輸事件は、地裁では勝ったんです。諸手当を払わないのは全部不合理だと。高裁
では全部覆って、ゼロになったんです。そこで、最高裁で弁論をして、また見直して。先ほど
言ったように一部勝ったんですね。

高裁判決は酷い内容でした。「定年後再雇用の労働条件が切り下がるのは、社会的な実態であ
り、これは広く社会的にも『容認されている』」とまで高裁判決は言ったんですよ。

それで私は、そこの部分を取り上げて。「原判決は、実態、すなわち容認、よって違法ではな
いという論理を取りました。裁判官、かのヘーゲル（Georg Wilhelm Friedrich Hegel）曰く、『存
在するものは合理的である』と。高裁判決は、格差が存在する、よってそれは合理的である、さ
らには合法であると言いました。裁判所は、ヘーゲルの論理を取られるのでしょうか？　それを
取れば、司法は不要じゃないでしょうか？」という弁論をやりました。

何かそういう、ちょっと一言言わずんばという誘惑があるんですよ。私は落語が好きだから、
ダジャレを言いたくなって困るんですが……（笑）。

〔高井〕ほかにも最高裁判所で弁論した事件がありますね。

【宮里】東朋学園事件です。産休育児休暇を取ったら、賞与がゼロになった。それが産休育児休暇の権利を侵害して、賞与をゼロにしたのは不当だというので争った事件です。東京ユニオンの女性の組合員が産休と育休を取得したということを理由に、一時金全額を不支給になってしまうんですね、ボーナスが。これは当時の代ゼミグループの就業規則に「九〇%条項」というのがあって、「九〇%以上出勤しないとボーナスは出さない」と書いてあるんです。

これは、高裁で勝ったので、使用者側が最高裁に上告をしたら、弁論をやるということになりました。そうすると、これは大方の場合、高裁判決の破棄、原判決の見直し、被上告人側は負けということになるんですよ、そうすると、負けを予測しての弁論になります。捨て台詞ではありませんが、この事件では、「裁判所がもしこういう判決を考えているとすれば、それは果たして歴史の検証に耐えるでありましょうか」とやってしまいました（苦笑）。

〔高井〕結局はどうなりましたか。

【宮里】負けました。高裁判決の見直しということですね。

弁論ということについてひと言つけ加えておきますと、私達の先輩の弁論を聞いていると、何かアピールポイントを常に考えていました。私もその影響を受けているのかもしれません。

青梅事件という松川事件と並ぶ有名な事件があります。高裁で死刑判決が出ていたんだけれど最高裁で破棄され、差戻後の高裁で無罪になるという有名な青梅線の列車転覆事件です。破棄判決後は弁護士になったばかりの若手数人のひとりとして私もこの事件の弁護団に加わりました。

この事件では、被告人らは自白調書を書かされていました。自白調書は強制によるものだという疑いを示して、破棄差し戻し判決を最高裁がしたんです。高裁で見直しをやって、無罪の高裁判決が出て確定します。

この高裁の弁論で、ある先輩弁護士が、当時『骨まで愛して』（一九六六年（昭和四一年）一月、唄・城卓矢）という歌が流行っていて、「裁判官はご承知かもしれませんが、今、世に『骨まで愛して』という流行歌が流行っております。本件自白調書は、骨まで虚偽に愛されているのでありますす」と（笑）。うまいよね、虚偽に愛されているって。私は横で弁論を聞きながら、品は無いけれども、うまく核心を突いた言い回しだなと思ったものです。当時は、弁護士に何かそういう風潮はありました。弁論で少しでも気の効いたことを言っておきたいという気持ちがあったのです。

〔高井〕そのほかに、九〇年代以降で思い出に残る事件としては、どんなものがありますか。

【宮里】最後に、九〇年代の事件で申し上げたい大きな事件は、カンタス航空の整理解雇事件ですね。これはオーストラリアに本社のある航空会社、カンタス航空が東京支社を設けているんですけれども、東京支社で採用した日本人の客室乗務員一二名を雇い止めしたという事件です。

カンタス航空は日本人従業員を雇い止めにして、全部オーストラリア人に入れ替えました。日本人アテンダントをやめて入れ替えるという方策のもとに一二名を雇い止めにしたんです。この客室乗務員の人たちは有期雇用でしたけれど、短い人で九年、長い人は一八年、有期雇用を反復継続してきた人たちなんです。それを有期雇用だということで雇い止めしたという事件です。

〔**高井**〕具体的に、どういうような雇い止めを会社はしたのでしょうか。

【**宮里**】一九九七年九月に雇い止めをされました。なぜ雇い止めしたかというと、最初は雇用を継続するけれども、年収は五〇％カットするというのです。それから乗務時間も延長しますと。フライト時間を。これを飲んだら雇用の更新をしますと。「そんなとんでもない条件提示は受け入れない」と言ったところ、雇い止めされたという事案です。

これは組合で言うと当時の全国一般南部の支援の下にたたかわれた解雇反対闘争です。東京地裁に提訴して二〇〇〇年の三月三〇日に全面敗訴。負けるんです。これは私には非常に予想外の判決でした。勝てると思ったのに、更新拒否に正当な理由ありということで負けました。解雇と違って、更新をするかどうかというのは基本的に使用者の自由だという発想が非常に強かったんですね。

二〇〇一年の六月二七日にこれが逆転して全面勝訴。ここでは長年に渡って継続雇用しているので雇い止めは解雇に準じて扱うべきであって、本人たちに勤務成績上の問題があるわけでもないし、解雇には客観的、合理的な理由がないということで、全面勝訴という、これも非常にドラマティックな東京高裁での全面逆転勝訴でした。会社は最高裁に上告をしました。

しかし、最高裁継続中に、組合とオーストラリアの会社が交渉して、和解で解決しました。希望者は全員復職しました。希望者は全員復職させるということでしたが確か六名が復職して、六名が退職したと思います。

復職するときは正社員として復職ということで、有期雇用から正社員になりました。戻った人たちはずっとフライトに乗務して、多分みなさんもう定年かな。

〔高井〕ドラマチックな事件ですね。この事件の経緯のなかでエピソードなどはありますか。

【宮里】高裁で逆転したときの法廷でのことです。法廷は超満員で、ＪＡＬやいろんな所から応援にきて法廷も女性が多く、「原判決を破棄する」と言って勝った途端に、法廷内でワーと拍手がおこった後、原告の人たちがワーワー泣き出してしまいました。

この事件ではもう一つエピソードがあって、一審判決が出た後に、ある出版社主催の判例研究会で報告をして、「これは、会社がだまし討ちをしてうまく成功した例だ」というような話をしました。弁護士が自分の手柄を自慢したんですね。しかし、ここに、全国一般の南部の人がいたんです。オープンな研究会だから誰でも参加できるんです。その弁護士の発言を録音していました。そこで、我々は高裁の準備書面で、この発言を引用し「会社側の代理人はこんな発言をしている。最初から、こんな内容は受け入れられないと思って条件提示をして解雇をするためにこういう提案をしたんだ」といういう趣旨のことを主張しました。

〔高井〕年収を半分にするなんていう、とんでもない数字から見たらそうですよね。めちゃくちゃだ。

【宮里】それだったら他の航空会社に行ったほうがいいわけですからね。年収を半分にされるくらいなら。「そういうことを意図してやったんだ。これが会社側の手法が成功した例だ」というようなことを弁護士が得意げに言ったんですね。その証拠の録音源を入手できたので、それを高裁に出す書面の中に書いたわけです。勝訴判決に弁護士発言がどれだけ影響したか分かりませんが、いろいろと思い出に残る事件でした。

〔高井〕実は、私がいろいろ宮里さんに持ち込んで難儀な事件をいくつもやってもらっているので、そのうちの特徴的なものをいくつかこの際ですからお聞きをしておきたいと思います。ソニーを相手に、東京ユニオンの派遣労働者の女性組合員の件で派遣会社であるソニーが団体交渉に応じないということで、弁護団を作っていただいて、東京都労委に不当労働行為の申立てをしたという事件がありました。

【宮里】これは派遣先の会社を初めて団交拒否を理由に、不当労働行為で申し立てをした事件です。九一年（平成三年）の八月一九日に申し立てしています。

〔高井〕Yさんという、沖縄から来た女性で、英語も堪能で、子どもさんもいました。ただ、ソニーは、使い方が無茶苦茶でした。この頃の派遣法は一三の業種に限っていたはずですけれども。実際にはファイリングとかと言いながら、英語ができるものだから、通訳はやらせるわ、非破壊検査をやらせるわ、無茶苦茶な使い方をソニーがしていたんです。

【宮里】ご本人は、「そこまでやらせるのなら少し時給を上げてください」と交渉したんですね。

すると、「これはうるさい奴だ」となって、結局雇止めをされてしまったのでしたね。契約が終わった時点で、切られて「解雇」ということになりました。

〔高井〕彼女が、東京ユニオンに駆け込んできたので、派遣会社と派遣先と両方と交渉しなければなりませんでした。派遣会社は当時のテンプスタッフですね。そこと交渉して、一定程度はもちろんお金を出させました。派遣先のソニーに対して「そういう働かせ方もおかしいし、派遣法違反だ。雇止めはもっとおかしい」ということで、団交を申し込むんですけれども、向こうは応じようとはしませんでした。

【宮里】会社側としては、派遣法の建前論で「ウチは派遣先だから関係ない」と団交を拒否してくるわけです。それで、弁護団としては、「団交応諾義務がある。団交拒否は正当な理由がない」ということで、派遣先を相手に不当労働行為の救済申立てをしました。

〔高井〕派遣先が相手の事件としては、第一号でしたね。

【宮里】一九八五年（昭和六〇年）に派遣法ができた時に、派遣の本質は「雇用主が指揮・命令を直接しないで、派遣先にやらせる」という、いわゆる間接雇用型ですよね。その時に、やっぱり派遣先がいろんな意味で実権を持っているにもかかわらず、使用者性を否定されるという、つまり派遣先の使用者性が問題になるんじゃないかという議論をしているんですよね。派遣法制定の時に。

私も、参議院で参考人として意見を述べた時に、派遣先の使用者性についてもちょっとふれています。その意味で言うと、派遣先について、派遣法ができた時に危惧した問題として、出てきた問題です。
この事件の結論は、派遣先の使用者性を認める命令には至らなかったけれども、実質上、派遣先の責任を認めさせるような和解ができたという事案だったと思います。
〔**高井**〕約一年かかって、「派遣労働者から申立てがあった時は、派遣先のソニーが誠意を持って対処する」という内容を勝ち取りました。後に、派遣法の中にこういう規定も入ってくるんですけれど、この時はまだそんな丁寧なことは何も書いてありませんでした。なにせ、派遣法なんてきわめて乱暴な法律ですから。
とにかく、そういう和解内容で、約一年はかかりましたが、一年分の彼女の賃金＋αの和解解決金を払わせているんです、労働委員会で。そういう意味では、実質的には勝利だったと思っています。
【**宮里**】そうですね、実質的に勝利だったと評価できると思います。
〔**高井**〕それから、宮里先生には、団体交渉の拒否で損害賠償を獲得した神谷商事事件もお願いしました。当時言われていたのは、団体交渉で不当労働行為をやっても、それで労働委員会に負けたって、会社側は団交に応じれば良いだけだ、と。「だから、団体拒否はやり得なんだ」ということを使用者側は言っていた。団交拒否が「やり得」じゃあ困るので、これはなんとかしなきゃいけない。団交権をちゃんと確保するという意味でもです。ということで、宮里先生に持ち込んで。なかなか困難な事件だったんですけど。これは先生、代理人弁護士はお一人でしたよね。

【宮里】 私だけでした。団体交渉拒否について、裁判所で争うというのは、従来は団体交渉拒否してはならない、団体交渉に応じなければならないという仮処分が昭和四〇年代は認められていたんだけれども、昭和五〇年（一九七五年）代に入って、新聞之新聞社事件（東京高裁、一九七五・九・二五）など、これを否定する決定が出されるようになり、団体交渉権に基づく差し止めというのは法的にできないという考え方が定着するんです。

その後に出てきたのは、せいぜい団体交渉を求める地位があることを確認する地位確認訴訟だけで（国鉄事件、最高裁、一九九一・四・二三）、司法ではそれ以上はできないということだったのでした。

しかしそれだと、ほとんど実質的な救済にはなりません。労働委員会の場合は、もう少し明確に「権限のある者を出席させて団交に応じろ」とか、いろいろなことを命令できるんですが、裁判所は、あくまでも団交を求める地位があるか無いかの確認だけしかできない。

その中で、やっぱり団交拒否はやり得じゃないかということで、ある時期から、団体交渉侵害を不法行為として捉えて、損害賠償を請求するという訴訟がいくつか出ました。そのうち、神谷商事の事件を提訴した頃に、いくつか他でも始まっていました。数年に渡って組合側出席者の団交における発言を口実に団交を拒否したということで、提訴しました。最終的には東京地裁・東京高裁、いずれも判決で勝って、認められた賠償額は一〇〇万円と弁護士費用一〇万円だったと記憶しています（東京高裁、二〇〇三・一〇・二九）。

〔高井〕宮里先生が弁護士費用一〇万円は「安い、安い」と（笑）。

【宮里】日本の裁判所の損害賠償額の認定というのは、すごく低いんですよね。この当時の判決を見ても、高くてせいぜい五〇万円ぐらいです。そういう意味で言うと、三桁に行ったのはあまりないんです。低い金額なんだけれども、団交拒否に対して、損害賠償請求権があるということを確立していく過程における、ひとつの重要な裁判だったと思います。

〔高井〕団体交渉の拒否が理由で損害賠償請求が可能であるという結果は、労働運動全体にとって、どのような意味があるのでしょうか。

【宮里】これは例えば、労働委員会で団交拒否問題の和解をするにあたって、解決金を要求したりする時には、「やっぱり団交拒否は損害賠償の対象になるんだ」という考え方を、労働委員会における和解の解決金を要求する場合も、ひとつの根拠になり得るという意義は大きいと思います。そして、「団交拒否はやり得なんだ」などとは言わせないことにしなければいけません。その意味では、損害賠償額の点で、もっと高い額を認めさせないといけないと思います。

ついでに言うと、これは中野麻美弁護士と一緒にやったんだけど、全石油のエクソンモービル事件。これは従来、専門職と非専門職を同率支給率で賞与を支給していたのに、その支給率を変えるという長年の慣行を破ったものだから、それに対して、組合員が「従来の慣行に従って払え」という民事訴訟を起こすんです。

その時に、賞与の支給基準の不利益変更について団体交渉をちゃんと持たなかったということも違法性の根拠として主張しました。

同時に原告の皆さんの個人が――組合じゃないんですよ、この訴訟の原告はみんな個人ですから――組合員個人が団体交渉によって受けるべき組合員としての利益を奪われたという法的な構成をして、不法行為による損害賠償請求もあわせて求めたところ、これが裁判所に認められました。

たぶん団交権侵害で、個人に対して損害賠償を認めた事件は、このエクソンモービル事件が初めてだと思います。東京高裁、二〇一二年（平成二四年）三月一四日判決です。裁判所はわれわれの主張を認め、「団体交渉権によって受けるべき組合員の利益が侵害された」としたわけです。団体交渉権を有するのは組合だけれども。団体交渉は誰のためにやるかと言うと、組合員のためにやるわけだから。団交権侵害というのは、組合員の利益侵害でもあるわけです。

そういう視点から捉えて、損害賠償を認めたという非常に珍しいかつ意義がある判決として注目すべきものだと思います。

2　長いたたかいだった「国労問題」

1　マル生反対闘争

〔**高井**〕いよいよ圧巻の長いたたかいであった国労問題を取り上げたいと思います。なんと、二三年間のたたかいでしたね。それ以前のマル生反対闘争も含めてお話いただきます。最初に宮里先生が国労の問題に関わられたのは一九六八年ですね。

【**宮里**】はい、一九六八年に国労弁護団に入りました。

〔**高井**〕その後すぐにいわゆる生産性向上運動、マル生運動が六九年から始まるということになりますね。これは凄まじい攻撃でした。国労からの脱退強要することを中心として、生産性向上を掲げてすざましい組合脱退強要があって、国労だけでこれ三万人も脱退していますね。そして、六人の方が自殺されている痛ましいこともありました。まずこの生産性向上運動、マル生運動というのはどういうことではじまったのかということを語っていただけますか。

【宮里】マル生運動の背景には当時の日本生産性本部が、生産性向上運動というのを推進していたことがあります。民間大企業を中心に展開されて、その後総評のかなり主力部隊、中心部隊がいた「全逓マル生」、「国鉄マル生」と言われましたけれども、生産性向上運動を推進した日本生産性本部の生産性向上運動、生産性向上というものでした。

これは同時に協調的労使関係を形成しようという不可分一体に進められていて、当時でいうと戦闘的といいますか、そういう労働運動を展開していた国労の弱体化を同時に狙っていました。国鉄業務の生産性向上とか、効率化とか、要員削減とかの、いわゆる合理化問題とセットにして生産性向上運動をし、同時に労使関係を変えていくとそういう性格の攻撃が一九六九年当時国鉄の磯崎総裁の下で推進されたということであったと思います。

〔高井〕その場合、当局側が一番問題にしたのが、国労のいわゆる職場団交権の闘争だったと思うんですけれどもその辺りはどうでしょう。

【宮里】「職場に労働運動を！」というのが国労の大きなスローガンでした。

職場に労働運動を具体化するために職場で現場の、東京駅であれば、東京駅長と国労の東京駅分会が団体交渉をする。これを国労は当時職場交渉権、職場団交権と言っていましたけど、これを確立をするという運動を展開して最終的には職場団交を認める労働協約を締結するんです。それがいわゆる職場団交権問題。これは国労運動の当時の国労が掲げた運動の中核的な課題でありそれを運動の成果として職場団交権を確立したわけです。そうすると様々な要求が職場で展開される。組会員が組合活動に関心を持つ。国労の職場における団結強化につながっていくわけです。

〔高井〕これはしかし、当局から見ると職場の管理運営権を事実上組合に取られたと言うことになるわけで、その辺りがやっぱり国労組織を潰さなければいけないと当局側が思った一番中心的な課題ですよね。

【宮里】それはもう大きかったと思いますね。やはり職場団交権、最終的には協約の破棄までするわけですけれども、なんといっても職場団交権をなくすことを通じて国労の労働運動を弱体化させるという明確な目的があったと思います。

〔高井〕そういう攻撃をかけられて、結果、かなりの大量脱退を国労は強いられるわけです。一九七一年の春闘で、「マル生反対」を真っ向から掲げて一九時間のストライキを決行したことがありましたね。

【宮里】一九七一年春闘ですね。

〔高井〕この七一春闘で一九時間のストライキを決行した。そこで当局は大量に処分をしてくるわけですね。解雇が四八名、免職五名、停職二八三人という記録があるんですけれども、これに対して国労はどういう戦いをしたんでしょうか。

【宮里】もちろん、この処分に対して裁判闘争もやりましたし、特にこの春闘に対する大量処分攻撃は、ＩＬＯ団結権保護条約などに反するということで一九七一年一一月にＩＬＯに提訴しているんですね。それでＩＬＯは一九七二年の一一月に結社の自由委員会は勧告を出しておりまして、ストライキについて懲戒処分を厳格にやっていることについて、政府に対して一定の勧告をしたというそういうこともありました。

もちろんこの処分に対する裁判闘争、それから労働委員会に対する不当労働行為の救済申し立て等々を行っています。不当労働行為の救済申し立て事件は脱退干渉はじめ様々な事件の提訴をしております。三九件の申立を、当時の公労委、公共企業体等労働委員会にしております。

〔高井〕それでこのマル生の不当労働行為というのは、ざっくり言うと顛末はどういう形になったのでしょうか。

【宮里】非常にドラスティックな顛末を迎えました。

国労の方も当初は非常に押されがちでした。組織が大きな打撃を受ける、多くの組合員が脱退をするということで、国労の運動は後退しつつあったんですけれども、ある時期からの反転攻勢のたたかいが成果を収めることになります。

国労委員長が総反撃をしないと国労が潰れると、「座して死を待つよりは立って反撃を」という当時有名となった言葉を発して、総力を上げて反撃の戦いに取り組もうという委員長の決意表明もあり、この決意表明は総評傘下の多くの労働組合が国労支援、マル生反対の国労支援ということで結集させる大きなきっかけにもなりました。

大きな転機がやってきました。「生産性向上運動はやっているけれども、一切不当労働行為をやってません。違法なことはやっていません」というのが、ずっと一貫した国鉄当局側の態度だったんです。しかし、実際は先程言ったように不当労働行為が行われている。

これをなんらかの形で命令とか判決で明らかにする必要があるということで、色々提訴をやっていたわけです。札幌苗場工場での脱退工作が展開されていたんですけれども、これに対して国労は、国鉄に対して「脱退工作をしてはならない、脱退干渉をしてはならない」という仮処分の申請をして、この仮処分決定が一九七一年九月一日に札幌地裁から出ます。それから一〇月八日に、脱退工作問題で静岡地方鉄道管理局の事件について公労委が同じように「当局の脱退工作があった、支配介入があった」ということで救済命令を出すんです。国鉄当局は「一切不当労働行為などをやってない」と言っていたんだけれども、裁判所の決定や公労委の命令によって、「不当労働行為をやっている」ということが天下に明らかになったわけです。

〔高井〕そうした過程において、なにか劇的な事態はあったのでしょうか。

【宮里】それが、あったのですね。それは劇的でした。丁度タイミングよく決定打になったのが一〇月九日先程の静岡の公労委命令が出た一〇月八日の一日後、一九七一年（昭和一〇月）九日に実は国労水戸地方本部が入手したあるテープがありました。このテープを我々は「不当労働行為テープ」と当時呼んでおりました。

実はマル生運動というのは各鉄道管理局の中に設けられた能力開発課、これがマル生担当、能力開発課というのがこのマル生運動の際に新しく設けられたんです。その能力開発課長が、駅長だとか助役などを集めて国労つぶしをどうやってこれからやるのかという秘密の会議が行われたんですね。実は、この秘密の会議が行われるということを能力開発課長の動静を三日間にわたって尾行していた国労組合員がキャッチしてその場所である旅館を突き止めました。そこの旅館の女将と話をつけて、その会場でその会議の模様を録音した。その録音テープが入手できたわけです。

この録音テープを、私は聞いてます。これが、実は決定打になったんです。なぜかというと、「不当労働行為は一切やっていません」と言っていたけれども、この内容たるや、管理者を集めた会議でこの能力開発課長が、こういうことを言ったんです。

「我々は法律によって禁止されている不当労働行為は絶対にやってはならない、これをはっきしているわけです。しかしやむにやまれずこれをやらなければいかん。知恵を絞った不当労働行為をやっていくのだということがあるわけであります。要はいわゆる言質などを取られないこと、あるいは一対一でやること、もちろんテープなどを取られたら最後であります」という内容でした。

ほんとうに、「テープをとられたら最後であります」ということが、テープになっているというドラマのような事実でした。こういう発言まで録音されていたテープでした。これを入手したのです。

実は、「不当労働行為はやっていない」ということなので、衆議院の委員会で当時の国鉄総裁を呼んで追及しているんです。その時に、このテープをそこで聞かせているんです。

そういうことも決定打になって、このテープ公開の翌日、国鉄総裁は「公労委命令を受諾する、争わない」ということで陳謝文を国労に提出をして、本部の職員局長を更迭してマル生運動中止すると発表しました。

実は、一一月一六日（一九七一年）に全国から職員を集めてマル生運動を推進するためのマル生全国大会を予定していたんですよ。それも中止したということで、当局もマル生運動を中止、脱退工作はもう本当に水を引くように止まったということでした。

国労の反撃はここで勝利をして、その後脱退した人が相次いで国労復帰をする。マル生運動は厳しい組織攻撃を受けましたけれども、最終的には反撃に成功して組織を守ることが出来ました。そういう、非常に歴史的なドラマティックな展開をとげた闘争であったと思います。

国労弁護団の弁護士は全国を飛び回って不当労働行為の証拠集めに奔走しました。僕も水戸、仙台などに行って脱退工作を受けた組合員に会って、聞き取りをして脱退工作の陳述書を作りました。

2 「スト権スト」と二〇二億円の損害賠償請求

〔**高井**〕国労の問題ということで、「スト権スト」と「二〇二億円の損害賠償請求」の問題についてお聞きします。まずスト権ストですね。

【宮里】スト権ストというのは、ご承知のように国鉄などの公共企業体職員は公共企業体等労働関係法、公労法一七条によってストライキは全面的に禁止されておりました。いわゆる当時の三公社五現業であります。国家公務員は、国家公務員法によって、地方公務員は地方公務員法によってストライキ禁止されていますが、三公社五現業については公労法によってストライキが禁止されておりました。

ご承知だと思いますが、憲法二八条によってもともと官公労働者もストライキ権を保障されていました。しかし、官公労働者に対する全面一律のストライキ禁止法制は、一九四八年（昭和二三年）のマッカーサー書簡から始まり、以降これを受けて制定された政令二〇一号、そして国家公務員法、公共企業体等労働関係法、地方公務員の各制定により完成するわけです。

〔高井〕スト権がないとはいっても、国労など公労協の各組合は実際はストをやっていましたよね。

【宮里】ええ、そうです。法律上はストライキが禁止されているにも関わらず、国労、全逓、全電通などをはじめとして公労法違反のストライキを公然とやっていました。春闘などにおいて、いずれも大きな処分攻撃を受けました。しかし、処分に対して「公労法は違憲である。したがって処分も不当だ」というような裁判を提起し、各組合がそういう闘争をやりました。

そういう闘争の中で、やはりストライキ禁止について見直す必要があるのではないかと、公務員は別として少なくとも公企体職員については民間企業とそんなに区別してストライキを一律に禁止する必要があるかという議論が高まってきました。

〔高井〕そうした議論の背後には、国際的労働運動の影響はありませんでしたか。

【宮里】ええ、背景には日本のストライキ禁止法制はＩＬＯ条約に違反するというＩＬＯの勧告がありました。

そういう中で自民党の中にもストライキ禁止を見直すという動きが強まってきたんですね。その中には「断固、従前どおりにスト禁止を守り抜くべきだ」という意見と、「ここで見直すべきだという」考えがあり、自民党の中にも両方の対立がありました。ストライキ禁止の見直しの動きが強まってきたということの背景の中でこれを一挙にストライキ禁止を撤廃させようと、そのためにはということで公労協全体で取り組んだのがいわゆる「スト権スト」です。

これは一九七五年一一月二六日から行われました。国労の場合は一二月三日まで八日間、全国でストライキを展開しました。それぞれ拠点を決めて、全国でストライキをやりました。当時、全逓その他の組合もストライキをやっていますが、一番長期にわたってやり、且つ最も影響の大きいのがいうまでもなく鉄道ですよね。国民の足を奪うわけですから。

スト権ストをやったんですけれども、「ストライキ禁圧を続けるべきだ」という意見が逆に強まってしまいました。「こんなストライキをやるような組合はけしからん」ということで。

〔高井〕そうした運動への評価はどうでしたか。

【宮里】その戦術が妥当だったかどうかという色々運動上の評価はありました。

「かえってまずかったんじゃないか」とか、色々あったんですけれども、当時三木政権は、問題に対して柔軟な姿勢でした。ストライキ禁止の開放の方向へ検討をはじめていたんです。

そういう状況だったのに、ストライキをやった。ストライキが禁止されているにも関わらず、これだけ長期のストをやって、国民生活に重大な支障を与えたということで国鉄労働組合と、それから一緒にストライキをやった動労、動力車労働組合に対して二〇二億円という巨額の損害賠償請求訴訟を一九七六年二月一四日に国鉄が提訴しました。

〔高井〕労働運動に対して、損害賠償請求というのは、これまで聞いたこともありませんよね。

【宮里】国労はそれまでにも、いわゆる違法ストを何度もやっているわけです。しかし、懲戒処分とか、解雇を受けたことはありますが、損害賠償請求を受けたことは一回もありませんでした。

この国労のストライキに対して政府側が許せないということで、この訴訟を国鉄に圧力をかけて訴訟をやらせたといわれています。当時、自民党の幹事長は後に首相となる中曽根康弘氏です。当時国鉄としては、損害賠償訴訟はあんまりやるつもりはそれほど強くなかったようです。しかし、政府との関係でやらざるを得なくなって、二〇二億損害賠償訴訟を起こしたということでした。

〔高井〕とんでもない巨額の損害賠償請求ですよね。

【宮里】もし、これに負ければ国労運動は経済的な面でも大打撃を受けるわけです。これはまさに国労にとって、存亡の危機にかかわる裁判闘争でした。国労弁護団も、全力をあげてこの訴訟に取り組み、このための会議を何度もやりました。月に何回も全国から集まりました。裁判そのものは東京地裁だけですけれども、例えば北海道の何何線区において組合のストライキの結果、何本の列車を運休したとかやるわけですから地元の意見を聞かないといけないというようなこともあって、全国の調査もやって、それで裁判に望んで色々な主張をしました。

そもそもストライキの禁止は憲法違反から始まり、それから憲法違反であるかどうかはともかくとして、損害賠償の目的はもっぱら国労潰しであると、不当労働行為攻撃だと主張しました。

それから力を入れたのは、二〇二億という損害賠償の根拠がまったくないと言うことでした。各線区ごとに、「ここは助役を使ったら運行可能であったけれども、運行しようとしなかった」と具体的事実を指摘しました。あえて損害を生じるのを分かっているのに運行しなかったからです。というのは、従前であれば国労がストライキに入っても助役をつかって運転していたんですよ。この時は一切、運行しなかったんです。だから、「運行可能なのにあえてやらなかったんだから、自ら招いた損害である」という主張。

また、各線区ごとに損害賠償を確定すべきであるということにもなって、我々は毎回に提出する準備書面で東北本線における損害とか、毎回出すわけです。このような弁論が、八〇回八年かかりました。

〔**高井**〕結果的に、損害賠償請求は取り下げられましたね。背景には種々の事情もあったのでしょうか。

【宮里】ええ、ついに損害賠償は取り下げになりました。取り下げの背景としては、ちょうどその時には、国鉄の分割民営化が終わっていたわけですよね。取り下げたのは九四年です。

国鉄分割民営化後、例えば東京駅の開発問題とか起こってきました。東京駅の八重洲に国鉄労働会館という国労の会館があったんです。当局が明け渡しを求めてきましたが、国労は応じません。そこで、国鉄は明け渡し訴訟をおこしてきました。向こうは明け渡し訴訟と損害賠償訴訟、でも、こちらは応じない。明け渡しの訴訟だって頑張れば何年もかかるわけですよ。すると、向こうの計画が狂ってしまいます。東京駅付近の全体の再開発が不可能となります。これもあって、たまたまその時に幸いにして亀井静香さんという運輸大臣がいて、彼が仲介の労をとるような感じで政治的に動いて、損害賠償訴訟を取り下げる、国労は会館を明け渡すということで、ある意味では政治的妥協もあって損害賠償を取り下げに至るんですよ。

国労はしかし国鉄労働会館の明け渡しにあたって、明渡料を出させ、それを元にして新橋に新しい会館を建てました。

〔高井〕この巨額損害賠償訴訟は、民間にも影響を与えましたね。

【宮里】この二〇二億損害賠償訴訟に刺激されて、当時、ストライキに対する損害賠償訴訟が多発しました。民間企業でも、ストライキに対する損害賠償訴訟、違法な組合活動に対する損害賠償訴訟というので、私も当時、総評全国一般の上野製作所分会というところでストライキをやり、それに対して、組合三役が懲戒解雇、そして、組合の違法ストの結果損害を受けたと言うので一五〇〇〇万円の損害賠償訴訟を東京地裁に起こされた事件を担当しています。

それからもうひとつ、ほぼ同じ頃、化学一般のタマス分会というところはストライキの際にビラ貼りをしたということで損害賠償訴訟を起こされた事件を扱っています。いずれも判決に至らず、賠償金を支払うことなく和解で解決しています。

3 国鉄民営分割化と国労への攻撃

〖高井〗 いよいよ重たい話なんですけれども、国鉄の分割民営化という路線が出てきました。同時にそれは国労の組合員への差別、それから国労の組織の解体に近いようなことを狙ったような攻撃が続きます。

当時は中曽根内閣で、中曽根氏は後のインタビューでも「自分は公労協、国鉄を中心とする公労協を解体をして、社会党総評グループを解体するんだという意図のもとに実はやったんだ」ということを、後に語っているんですよ。この時はこんなこと口が裂けても言えなかったでしょうけれども。そういう背景があって、つまりものすごい内閣の、国家権力の意思があって始まった凄まじい攻撃だったわけですが、前提として国鉄改革法というのはかなり曲者で、特に二三条ですね。ここについてどう見たらいいのか、そこからまずお願いします。

【宮里】 国鉄改革というのは、国鉄が担当している業務を新しくＪＲという国鉄業務を引き継ぐ承継法人を設立をして国鉄の業務をそこへ移すというもので、いわゆる国鉄の分割民営化です。それに関する手続きでなどを色々書いたのが国鉄改革法です。国鉄の分割民営化、新しくできる法人との関係で国鉄職員は承継法人にどういうふうに移すのかということについて、国鉄改革法二三条という条文には、こういうことが書かれているんです。「国鉄が承継法人に採用される職員の採用候補者名簿を作成し、これを承継法人の設立委員に提出、設立委員は名簿に記載された国鉄職員から承継法人の職員を採用する」。承継法人の設立委員は、候補者名簿に載った人に対してのみ採用通知を発するという仕組みを作ったわけです。採用候補者名簿を作成するのは国鉄です。

国鉄は全職員に対してJR各社のどこに行きたいかという進路希望アンケートをとって、例えば「私はJR北海道へ行きたい」ということになるとそれを受けて国鉄が名簿に載せるか載せないか判断をしてその名簿に載らなかったら設立委員は採用出来ないわけです。名簿に載った人に対しては無条件に採用通知を発する。だからJR設立委員がそこに意思をかませるというのはないんです。要するに、承継法人JRに採用されるかどうかは実質的に国鉄が決めるという、そういう仕組を作ったわけです。

本当は、国鉄の業務を全部承継するわけですから、原則として雇用の承継のはずなんです。これは当時中労委の会長をされた菅野和夫先生も、その著書で「実質上の雇用承継である」というようなことをお書きになっています。まさにそうなんです。

組合所属のことなど職員のことを、国鉄が一番知っているわけです。誰が活動家であるとかということを。不当労働行為をやり易くするための悪だくみの立法と言わざるを得ません。「国鉄職員をそのまま引き継がないためにはどういう方法がいいのかということについて検討して、これを編み出した」ということを後に言っているんですよ。当時国鉄に出向していた法務課長が後に書いているんです。「二三条を作るのに一番苦労をした。どうやって引き継がないようにするか」と。

この条文を盾に採用候補者名簿に載せるか載せないか、載らなかったら採用されない、載ったら必ず採用されるわけだから、そこで差別が生ずるわけですね。だから我々はこの仕組を、「国家的不当労働行為」といったんです。国家的不当労働行為、普通の不当労働行為ではなくて、国の作った法律を制度的に悪用して不当労働行為が行われたと。それに基づいてJRに採用されない選別採用、不採用問題が発生したのです。

JRに採用されなかった人は、国鉄が清算事業団というのに移行することに伴い、清算事業団職員になる。業務は全部JRが承継する。後は要するに精算手続きのための国鉄清算事業団というのが出来ました。採用されなかった人は清算事業団職員になって三年間だけ雇用保障すると。三年経ったらそこで雇用がおわりということで、不採用になった国労組合員は三年間は清算事業団職員になり、三年後に全員解雇されるという仕組みだったわけですね。そして三年後に清算事業団から全員解雇されました。

〔**高井**〕こういうなんていうのかな、昔でいう、レッドパージリストみたいなもので、組合員を入れないがためのリスト。まるで、ユニオンパージリストですね。建前上は排除してないような狡猾なやり方を使って、この国鉄改革法二三条というのは、ある意味でものすごい嫌らしい仕組みとなっているわけですね。だから、大変な戦いになっていくということになるわけですけれども、この戦いの方法をどう進めるかは、弁護団でも大いに議論されたのではないですか。

【宮里】 弁護団の中にも色んな意見がありました。一つの意見としては、これは本来国鉄業務がJRに全面的に引き継がれるわけだから、雇用も当然に承継されるべきである、承継しなかったのが不当なんだから承継されているとして扱われるべきだから、当然JRとの間で雇用関係が成立していると。雇用承継論ですね。法的にも承継されていると。だからJRを相手に地位確認の民事訴訟を起こすべきだという意見が一方ではありました。

一方では、そうはいっても二三条からすると、あくまでも採用という仕組みをとっている。不採用になっても雇用があるというのは法的な構成も難しいし、そこの法的な論争で不当労働行為成否の中身に入る前に、「雇用関係の確認請求の根拠がない」ということでやられる可能性が強いと。

私なんかは、不当労働行為事件を長年やってきたものだから、地位確認はやるべきではないという意見でした。「本来雇用が承継されるべきだろう。そこからやるべきだ」という意見もあり、大阪で地位確認訴訟をやって、これはもう完全に負けたんです。「雇用承継ではない」ということでね。いろんな議論があったんだけれど、最終的には、国労弁護団としては不採用問題は労働委員会闘争で進めようということになって、不採用は不当労働行為であるということで一九八七年の四月に全国の一七の地方労働委員会に一斉に申立をいたしました。北海道地労委、九州各県労働委員会、東京、大阪、神奈川等々、一七の労働委員会に対してＪＲに採用されたものとして取り扱えという救済命令を求めて各ＪＲ会社を相手に申立をいたしました。

〔高井〕この時は国労弁護団としては裁判闘争はやらないという結論だったのですか。

【宮里】そう、裁判闘争はやらない。

〔高井〕「当面のところは」という限定で……。

【宮里】はい。ところが、千葉動労は地位確認訴訟をやりましたが、これがあっさり負けちゃうんですね。採用の性格を巡って、採用の自由論みたいなものを主張する根拠になったりもしました。

〔高井〕それを全国で進めて一番最初に命令が出たのが一九九三年（平成五年）の一二月の北海道と大阪でしたかね。

【宮里】そうですね。

〔高井〕ここで出た命令はどういう内容だったんですか。

【宮里】北海道も大阪もいずれも「ＪＲに不当労働行為責任がある一九八七年（昭和六三年）四月一日以降、ＪＲ職員として採用したものとして取り扱え」という完全な救済命令が出ました。

相次いで九州各県も同じような命令が出ましたし、東京、神奈川その他でも全部救済命令に至りました。

〔高井〕それは結局中労委の方にいくのですか。

【宮里】全部JR側が中労委に再審査の申立をしました。若干、主文が変わったところはあるんですけれども、中労委も同じように「JRに不当労働行為責任がある」ということで、中労委も都道府県労働委員会命令を基本的に支持してJRに対する採用命令を維持しました。

それに対してJR側は、今度は中労委を相手に取り消しの訴訟、命令取消訴訟を起こすということで行政訴訟の場に移っていくわけです。

〔高井〕一方で地方議会の決議も出てきましたね。最初が一九九四年一月の福島県議会の決議だったというふうに聞いているんですけれども、どういう内容の決議でしょうか。

【宮里】これは、もちろん不当労働行為とは書いてないんですけれども、要するに「JR分割というのは国策、国の政策に基づいて行われているわけだから、そこで乗じている問題についてはできるだけ、早急な解決、国策に基づいて生じているこの問題について早急な解決を求める」という、早期解決を要請する決議です。もちろん、これもJRの責任のもとでということが前提になっています。調べましたらね、最終的には八三六の地方議会で決議が出ております。決議の本数は特定の議会では二度、三度にわたって決議しているのもありますので、決議の本数は一二三二本の決議が出ております。

〔高井〕一方、ＩＬＯに問題を持ち込んで戦うということもやっていたわけで、一九九九年（平成一一年）の一月にＩＬＯの第一次の勧告がでていますが、これは、ざっくりどういう内容ですか。

【宮里】国の分割民営化という国の政策に基づいて生じている不当労働行為、国の分割民営化という、国の政策に基づいて生じている問題なので、国の責任において解決しろという、国の責任を強調しているものです。

〔高井〕なるほど。

【宮里】これは、後の政治解決を求める大きな根拠になるんですよ。僕はジュネーブにあるＩＬＯにも要請に行っています。国労の役員と一緒にこの問題の話をして「ＩＬＯとして解決に向けての努力をお願いしたい」という要請をしました。

それから国労の闘争を国際的な運輸労働者の組織である、ＩＴＦ、国際運輸労連という組織が全面的に支援してくれたので僕もＩＴＦのロンドンの本部にも直接行って要請をしております。

〔高井〕といいつつ一方で長期化していくわけで、いろんな政治的な解決の動きがあるんですよね。これなかなか表現するのが難しいところがいっぱいあるんですけれども、とりあえず目についた部分で四党合意、二〇〇〇年（平成一二年）の五月三〇日でしたっけね、四党合意というものが生まれて、これを国労にこれでどうだということで言ってくるんですが、自民党、公明党、保守党、社民党が。

ただ前提としてこれはＪＲに法的責任がないという言葉が書き込まれていたようなんですけれども、国労の方はこれを受けてどういうことになったんでしょうか。

【宮里】これを巡っては、四党合意を受け入れるべきだというのと、これは国労が今まで戦ってきたことに対して真っ向から国労の戦いが否定されているのに近いということで反対意見がありました。激しい論争があって、最終的には四党合意受け入れずという結論になります。

ちょっと話を戻しますと、中労委では全面的に勝ちました。その前に中労委も和解による解決を努力したんですけれども、それはできませんでした。それで命令が出されました。

ところが行政訴訟に移ってから大きな流れとして言いますと、東京地裁、東京高裁も、中労は命令は違法だといって取り消しました。その最大の理由は不当労働行為責任を負うべき使用者はＪＲではなくて、不当労働行為をした名簿を作って実際にそこでやったのは国鉄だ。だから責任を負うべきなのは国鉄、当時の清算事業団、その後、鉄道建設公団にまた変わるんですけれどもね、そこが責任を負うべきであってＪＲではないというその理屈で地裁、高裁、負けるんですよ。

最高裁でも同様の考え方で負けるのですが、三対二なんですよ。五人の内三人が使用者は国鉄である、二人はＪＲであると。一票差で負けるんですよ。ただねこれ、五人が全員一致して「ＪＲが使用者ではない」と言ったのだとすると、後に影響を受けたはずです。最高裁ですら意見がこれだけ分かれるテーマが、それがなぜ大事かと言うと、この最高裁の判決が終わった後、裁判闘争を始めるとしたら今度は国鉄を相手に訴訟を起こすしか無いわけです。しかし、国鉄に戻せといっても意味がないわけですよ。清算事業団には、鉄道業務はないわけですから。

そうすると、やれることは損害賠償請求だけなんです。だから「不採用は不当労働行為であるから損害賠償だ」というんで訴訟を全面的に起こし直すわけです。不採用者が原告になって。その訴訟を起こすときには、既に一〇年以上たっているんですよ。不法行為による損害賠償請求権の時効は三年なんです。時効後になっているわけ。ところがね。裁判所は時効の抗弁を全部はねるんです。それは、やはり「誰が使用者なのか、損害賠償請求の相手方は誰か」という点が最高裁の判決まで確定出来なかったじゃないかと、だからそこから時効が起算されるんだという理由です。

〔高井〕三対二という意味は大きかったんですね。

【宮里】はい。負けたとはいえ、三対二であったということが、最高裁判所の中でも意見が分かれるくらいなんだから、素人である組合員がわかるわけがない。まあわかりやすくいえば。というので時効の抗弁をはねつける上で三対二というのが生きてくるんです。

だから、私も裁判をやっていて、ただ勝ち負けだけではないなと思いました。最高裁の反対意見が、その後には多数意見を形成することもあったりもするんです。裁判というのは、結果だけではなく、その結果に対しての反対意見が出る事自体にまた重要な意味があるんですよね。それが後々多数派になったり、いい意味で多数派になる場合も、悪い方になる場合もあるんだけど、裁判というのが社会の動きの中で流動的なものであるということです。

それから国労の中で闘争団の一部の人達が最高裁の判決が出る前に国労の方針とは違うんですけれども、有志が原告団を作って損害賠償訴訟を先に起こしているんです。国労は不当労働行為問題に集中する、それが決着するまでは新しい訴訟を起こさないという方針だったんだけど、いやそこまで待つべきではないという意見があって、別の訴訟が同じ闘争団の中で意見が対立するという問題もあったんですけれども、最終的には国労も、最高裁判決のあと同じような訴訟を提起することになったわけです。

同じような訴訟を提起していた全動労も含めて、最高裁判所で和解ができたのが、二〇一〇年（平成二二年）三月でした。復職は残念ができませんでしたけれども、不採用にならなかったら得られたであろう賃金であるとか、それに伴う退職金、年金への影響とかかなりそういうのも考慮した、かなり高額の和解解決金を不採用者全員に払うということで、和解が出来ました。

ただこの和解には、非常にラッキーな政治的背景がありました。幸いにして当時、民主党鳩山政権が成立してたんです。この民主党の鳩山政権がこの解決に動いて、そういう政治的な解決の側面もありました。さらに、ＩＬＯの要請もあるという錦の御旗もあり、二三年にも渡るこの紛争が解決をしたということです。

鳩山政権は短命で変わりましたよね。政権が変わってしまっていたら、どうなっていたか分かりません。本当にそういう意味ではラッキーだったんです。解決のタイミングが。「金銭解決で妥協するのか」というような議論もあったのですが、この機を逸したら私は本当に解決は難しい

集会で壇上に立つ筆者（撮影年月日不明）

と思っていました。

中小の争議で何年もやったというのは沢山あるけれども、でもこれは二三年間というわが労働弁護士生活の中でももっとも長期間を要したたたかいでした。今振り返ってみて最後は政治的なチャンスを逃さなかったということはあるけれども、やはり基本は二三年間不採用のみなさんが団結をして頑張り、国労がこれを支え続けたということだと思います。

それと、大きかったのは全国に作られた国労支援共闘会議です。これが物販販売とかをして、運動を経済的にも支えたんです。どこに行っても国労支援共闘会議が、国労支援共闘の支えが非常に大きかったというふうに思います。

それから世論づくりで言うと自治体の決議、ＩＬＯの勧告、それから国際労働運動の支援、色んな意味で、国労のこの闘争を解決するための動きが相まって解決に至ったというふうに思います。そういう意味でいうと、戦後最大の不当労働行為事件であると同時に、これを支える支援運動も最大なものだったと言っていいのかもしれません。三井三池の支援闘争も全国的なものであったと思いますけれども、不当労働行為に対する戦いとしては最大の不当労働行為でしたし、支えた支援闘争も、全国的広がりから見ると最大の体制が組まれたといえるでしょう。そういう意味でも、労働運動において歴史的な事件でした。

〖高井〗それで、このたたかいは二〇一一年（平成二三年）七月の第八〇回の国労の定期大会で終結を確認するということになるんですね。その前に政府に対して雇用問題をなんとかできないのかということはありますね。

【宮里】最高裁で和解をした後も、ずっとJRへの雇用追求の運動は続きます。相当続いたんですけれども、そこは突破できずに最終的にこの定期大会でこの闘争に終止符を打つという確認がなされます。さっきの和解に至るまでには、国労の内部にも闘争団、不採用者の中で対立がありましたし、国労大会でも必ずその議論が出るんですね。

私は、国労弁護団の代表幹事をやっていましたので、国労大会でいつも挨拶するのですが、必ず私の挨拶の最後は「闘争団が統一しない限り政治的解決はありえません」ということをいつも言ってました。「団結なくして解決なし」と。一〇年くらい叫んでいたのかな。毎回、最後にまた去年と同じことを言いますがといって。最後はまとまって解決にいたった。もしこれが別々だったら当時の政府も動きにくかっただろうし、まとまらなかったと思います。最後はなんとかまとまって解決にこぎ着けられたたということでしょうか。

〔高井〕我々も労働争議をやっていて、一番困るのはこっち側がまとまらないと、相手と解決できないんですよ。だからそこはもういちばん大事なポイントですよね。

【宮里】そうですね。そういう時にも、労働運動そのものの当事者じゃない私たち弁護士が、ちょっと一歩引いてものを見ること、弁護士の役割というのはそこがあるんですよね。紛争の当事者じゃないですから、一歩引いて問題提起や助言ができるわけです。運動と共にありながら一歩離れたところで冷静に見るというのは、大切な弁護士の役割かなと思います。

3　労働弁護士として生きて

1　弁護士として労働事件に携わる

〔高井〕時系列で行くと、やはり総評弁護団――日本労働弁護団というのは後の名前で、当時は総評弁護団ということなんですけれども――そこから話を起こさないと繋がっていかないと思いますのでその辺りからお聞きします。

一九五七年（昭和三二年）でしたね、総評弁護団が結成をされました。その前々年ぐらいからいわゆる権利闘争で、国労で解雇・大量処分があったり。日教組の松阪事件で　年休闘争をやって一〇名が逮捕されるとか、公務労働が中心ですけれども、かなり弾圧を食らうという事件がありました。

そこで、一九五七年五月の総評臨時大会で、総評弁護団を結成するんだということが決められて、結成されるわけですね。記録を見ると、当初一五〇名が結集されたと出ています。「一九五〇年代後半から一九六〇年代（昭和三一年〜四四年）は、争議弾圧の時代だった」と宮里先生が『労働弁護団の五〇年』に書かれておられますね。そういう時代に総評弁護団が結成をされた。これには宮里先生は当初から参加されていたんですか？

【宮里】 私が弁護士になったのは一九六五年、昭和四〇年ですから、総評弁護団の結成はその八年前ですかね。全国各地で労働問題に取り組んでいる弁護士の全国的な結集を図ろうという目的でした。それから当時の総評の要請もあって、この弁護団が結成されたという風に聞いております。背景としては、いろんな全国的な弾圧事件が起こって、全国の弁護士がそれに取り組んでいる。やっぱり全国的な結集をした団体を作ろうという機運が起こって、総評の要請もあって結成された。結成にあたっての声明があって、こう宣言しています。紹介しましょうか。

「我が国の労働運動の成長に対し、政府や資本家らの攻撃は、最近とみに露骨になってきた。労働運動が今後さらに強くなるにつれて、このような弾圧もまた執拗に加えられるであろう。我々は広く労働者階級の側に立って、労働事件を担当し、労働者階級に対する相談相手となろうとする全ての弁護士をもって組織されるものであり……」その後こう言ってるんですね。「その力量において、今日最も強大なる弁護団である」と。

〔**高井**〕自分で「今日もっと強大なる弁護団」と言っているんですか（笑）

【宮里】 そうなんです（笑）。「その力量において、今日最も強大なる弁護団である」と高らかに謳っているんですね。大いなる自負を感じませんか。

【高井】かっこいいな（笑）。

【宮里】「総評弁護団のある限り、政府・資本家のいかなる弾圧も許さないであろう。我々は労働基本権の守り手として、常に労働者階級と共に闘うであろう」と、高々に宣言しておりまして、なんとなく当時の雰囲気がよく出ています。それから「労働者階級」という言葉を使っているのも、まさに当時の労働運動の盛り上がりが背景にあったと思いますね。

そういった背景があって労働弁護団が結成されて、私も弁護士になったら労働事件をやりたいと思っていましたから、弁護士になると同時に総評弁護団に入り、総評弁護団の機関誌の編集とか、事務局の仕事をやりました。そして幹事をやり、幹事長をやり、副会長をやり。最後は会長になりました。

会長になったのが、二〇〇二年（平成一四年）で、二〇〇二年から二〇一二年（平成二四年）まで日本労働弁護団の会長を務めました。私の労働弁護士としての仕事は、労働弁護団の活動とともにと言うか、労働弁護団の先輩・同僚から学び、自分の活動もまたそこに返して、労働弁護団とともに労働弁護士活動をやってきたという意識があります。

ついでに言いますと。我々の労働弁護団に対抗して「経営法曹会議」というのが結成されます。経営法曹会議が結成されたのが一九六九年（昭和四四年）一〇月です。これは我々の労働弁護団の活動に刺激を受け、対抗的な組織を作らなくてはいけないという動機があったと思います。これも、設立の趣旨を見ると、「現状の情勢の下において」――当時の背景がいろいろ書いてあるんですが――「現状の情勢の下において、私どもは、法と秩序の下における人権の擁護と、傾向無き真の社会正義を実現するため、経営法曹の大同団結による新たな組織を結成する」という声明を出しています。労働運動の高まりに対して、対抗する理念・思想、結集する趣旨のようなものが示されているのではないかなと思います。

〔高井〕当時はまだ日経連がありましたからね。日経連の直属ですよね、この経営法曹会議というのは。

【宮里】組織関係がどうだったか忘れましたが、日経連の法律対策部的な側面があったと思います。

総評弁護団は、総評が全面的に財政を支援している。総評弁護団事務局長は、総評幹事をもって充てる、という規約の時代があったんです。だいぶ財政的な支援もあったから、長い間会費が無かったんだよね、総評弁護団。これが良かったかどうか（苦笑）。当時は問題になるようなことはありませんでした。皆が、全く同じ方向を向いて運動をやりましたからね。

ですから、戦後の労働裁判の中で、いろんな意味で、労働裁判だけではなくて――今日は棗先生もこの席にいらっしゃるけど――労働弁護団というのはいろんな、全国で労働者の側に立ってやっている弁護士が様々な労働事件についての全国的な情報交換の場、裁判闘争についての経験交流の場、そして我々の実務経験を通じた立法提言。それから政府が何か法律を作ってきた時に、我々の視点から反対したり、修正をしたりという、そういうのは労働弁護団としての非常に重要な活動だと思います。

私は労働弁護団の調査でヨーロッパやアメリカに行ったけど、日本の労働弁護団のような組織はありません。いろんなことをやっていて、弁護士の人権団体はありますが、労働弁護団のような専門的な労働弁護士集団はありませんね。そういう意味では、世界に日本の労働弁護団類似の組織はありません。

〔**高井**〕労働四団体が一つになって労働戦線の統一みたいな動きがあって。総評が解散をしていくということになって。名前的に「総評弁護団」というのは成り立つのかということになって。いろいろ議論があって、「日本労働弁護団」という名前で再出発することになったのでしたね。

【**宮里**】一九八七年（昭和六二年）ですね。日本労働弁護団と名称変更をいたしました。

総評弁護団は、先ほど言ったように総評との繋がりが強かったんですけれども、総評の解散に伴って、連合、全労連、全労協などができ、ナショナルセンターが分かれる、という状況が生まれました。日本労働弁護団は、要するに特定のナショナルセンターとの間で、組織的だったり財政的な繋がりを持たずに、まさに自主、独立した労働事件の労働側の専門家集団として、あらゆる労働運動の潮流を問わずに、労働者および労働者の権利を守る、労働組合の権利を守るというスタンスを、この時改めて確認をしました。

そういうことから「日本労働弁護団」という名前に変えたのでした。名称変更にあたって団員からアンケートを取ったのですが、私の案は採用されなかった（笑）。私は、「全国労働者権利センター」という名称にしようと言ったですが「日本労働弁護団」が多数派でした。今となっては、この名称で良かったと思っているんです（笑）。

〔高井〕新たに労働弁護団としてスタートを切ったということで。確か、二〇〇二年沖縄那覇市で開催された大会で宮里先生が会長になられたんでしたか。

沖縄でやるというのは、宮里先生の会長誕生ということもあったんでしょうね。棗先生、そのあたりはどうだったのですか。

〔棗一郎〕（以下〔棗〕）あの時、僕は事務局長に就任して一年目でした。井上先生（井上幸夫現労働弁護士団長）が幹事長だったんですけど。その時に会長が山本先生（山本博氏）から宮里先生に変わるということでした。それについては、宮里先生の就任のお祝いをするというのを沖縄でやったほうがいいんじゃないかということで、幹事会だったですかね。半年かけて用意したんですよ。

僕はその時、事務局長として井上幹事長と二人で沖縄の組合をゴールデンウイークの休みを利用して回って。宮里先生が今度会長になられるから、沖縄の労働組合に「みんな来てくれ」と。十何か所回った。そしたら、みんな来てくれて。歓待されましたよ。

〔高井〕たくさん集まったものね。僕も大会に行ったんですよ。

〔棗〕面白かった。その時には、沖縄の労働運動のあり方とか実態とか全然知らなかったから、非常に新鮮で良かったんですよね。そういうことで準備をしました。

【宮里】いろんなお膳立てがあって。私も沖縄出身なので、沖縄で開催された総会で会長に就任したということは、なんとなく気持ちの上でも昂ぶったものがあったと思います。

会長就任挨拶をした時に、こういうことを言ってるんですよ。「会長に就任した際に、たいていの方は『図らずもこの度、会長に就任することになりました』、というような自己紹介をしますが、私は図ったわけではありませんが、『図らずも』なんて言う気持ちは全くありません」などと述べています。――要するに、会長になったことについて、自分が長年労働事件をやってきて、こういう立場に立ったことに対して、心から本当に嬉しく思っているし、これからも頑張りたいという、そういう決意表明をした記憶がありますね。

〔高井〕私も会場で聞いていましたよ、かなり気合が入っていました。――確か、「なるべくしてなった」とか、そういうニュアンスを感じとったような気がしました（笑）。「スゲー強気だな、宮里さんって」と思いました。でも、嫌な感じは少しも受けませんでしたね。素直でストレートな感想で、挨拶に僕は好感をいだきましたね。

〔棗〕「私は会長になりたくてなった」とかいうような表現だったと記憶しているのですが……（笑）。

【宮里】あるいは、そういったかもしれませんね。「労働弁護団の出世街道一筋に歩んできました」って（笑）。そんな趣旨のことを。事務局から幹事になり、幹事長になり、副会長になり、会長になった。「労働弁護団の出世頭であります」とか（笑）。堅苦しい決まりきった挨拶を避けたいという気持ちと、集まってくださった皆さんへのサービス精神のようなものが、冗談まじりで自然に吐露されたのでしょうね。

〔高井〕本当に僕も「これが、労働弁護士の出世街道か」と思いましたよ（笑）。素直にそう感じました。

【宮里】言われてみると、そんな冗談を言った記憶もありますね。

〔高井〕宮里先生は本当にユーモアに溢れた人だから、たまに素っ頓狂なことを言われて、それは面白かったですよ。

同時に、この頃、例えばそのちょっと前に、一九八五年（昭和六〇年）に派遣法ができたりとか。やっぱり今までの労働者、労働組合の権利闘争とは違った問題がいろいろ出てきたと思うんですね。さっきもソニー事件の話がありましたけれども、僕なんかが労働現場にいて思ったのは、派遣法なんてとんでもないものができちゃって。「これ、いったいどうなんだ?」という風に危惧したことを覚えているんです。労働弁護団のほうの記録も、いろいろにわかに読んでみると、やはりその辺りから権利闘争のあり様が変わってきて。どう取り組むかというのがいろいろ議論されていますよね。

私が弁護団との関係で鮮明に覚えているのは、実は派遣法というのは成立してからほとんど労働組合としては取り組んでいないんです、実質的には。派遣法への反対運動はありましたよ。ちょっとずつ派遣の人は増えてくるんだけれども、それに真正面からは取り組んでいない。東京ユニオンの場合には、相談活動をずっとやっていたので、ポツポツと派遣の人が増えてきているのは肌感覚で感じてはいました。これは今までに例を見ない新しい事態が起こっていると思っていました。

そこで僕が「一〇の派遣相談のパターン」をまとめて、ジャーナリストとか法律家とか、労働組合関係とかを集めて、ずっと半年ぐらい学習と議論をするんですね。そこで九一年（平成三年）に派遣労働ネットワークというのを中野弁護士を代表として作って、派遣トラブルホットラインというのを開設するんです。

これは派遣労働者だとなかなか組織は難しいので、一人ひとりが直接アクセスできるような方法を考えないと駄目だということでやりました。これは、一回目からすごい反響があって、全国から相談があり、本当に派遣の問題点が具体的に浮き彫りになったんです。それまでは、派遣法ができてから、「いやいや、賃金は高いし、残業はないし、好きな時に海外旅行に行けるし」なんて、おいしい話ばかりが出ていたけど、とてもとてもそんなものじゃない。「派遣先にいじめられたり、いつクビになるか分からない、不安定だ」ということが浮き彫りになってきました。それをやっていかなきゃいけないということで始めたのが、ユニオンと弁護士が一緒になって、派遣労働問題への対応を始めたんですね。

【棗 】高井さんと弁護団の関わりというのは、どういうことだったのですか。

【高井】私の弁護団との関わりで言うと、その後、鵜飼さん（鵜飼良昭氏）が幹事長になられた時に、この人は神奈川から初めて幹事長になられた人で、私のところに訪ねてこられたんです。
派遣トラブルホットラインというのがあって、それなりに面白い取り組みになっているから、弁護団でもいろいろ検討してみたいんだということで。第二回のホットラインだったか、かなり大量に弁護士さんたちがウチの事務所に交代でいろいろ来て「こういうようなものか」というような取り組みもあって。その後、リストラみたいなのが始まってくるので。弁護団で宮里先生が会長の時に、雇用調整ホットラインというのが始まるんです。

【宮里】やりましたね、全国でね。

〔高井〕最初は確か関東だったですよね。

【宮里】労働弁護団の活動領域もだんだんと広がってきた。事件だけではなく、日常的に法律相談を受けるとか、そういう労働弁護団の活動の広がりを示すひとつの活動だったんじゃないですかね。

労働弁護団の経歴を申し上げましたけど、私が国会で参考人として三度にわたって意見の開陳をしたのは、労働弁護団の活動をしていたということもあってのことだと思っています。

最初に私が参考人として国会で意見を述べたのが、一九八五年（昭和六〇年）の、労働者派遣法制定の時。それから、二回目が二〇〇三年（平成一五年）の労働基準法改正の時です。有期労働契約の上限の引き上げとか、企画業務型裁量労働制なども導入した労基法改正の時です。労働基準法の規制を強めるという側面と同時に、規制を緩和するという、立法改正が進んできたのでした。この時は、この労働基準法改正案の問題点について意見を開陳しています。

それからもう一回、二〇〇七年（平成一九年）、憲法改正、国民投票法が制定された時です。参議院の憲法調査特別委員会で参考人として意見開陳しています。私が開陳したのは、国家公務員・地方公務員、教育労働者について憲法運動が禁止されているんですよ。国家公務員・地方公務員法、それから教育公務員特例法によって、政治活動が禁止されている。それは仕方がないとしても。政治活動というのは党派性を持つ側面があるから、それはいろいろ批判はあるけれども仮にやむを得ないとしても、それと同じ論理で、憲法運動も規制しているわけですよ。憲法改正運動をやってはいけないとか、反対運動をやってはいけないとか。

〔高井〕それが、明文化されているのですか？

【宮里】明文化されています。「憲法に関する運動をやってはいけない」、ということになっています。私は、「それは公務員法の政治活動禁止と全然違う。憲法というものについて、国民たる主権者が意見を表明する最も重要な機会に、公務員の政治活動の制約と同じ発想で禁止するのはおかしい。「その条項を削除すべきである」という意見開陳をしました。

労働弁護団のそういう活動もあったということからだと思うんですけれども。マスコミのほうからいろんな取材を受けたりする機会が、棗さん（棗一郎氏）なんかも労働弁護団の幹事長をやっているとよく分かると思うけれど、必ず法改正問題とかいろんな問題が起こると、労働弁護団にマスコミが取材をして、弁護団の意見はどうかとか、こういうことを問い合わせてくるんですよね。これも労働弁護団の非常に大きな役割で、必ず「日本労働弁護団の幹事長の意見によれば」とか、そういうのが出るんですよね。私も幹事長時代いろいろコメントを出したことがあります。

その一環かもしれませんけれども、NHKの『クローズアップ現代』という番組がありましたが、それに二回出演をしております。最初は、二〇一二年（平成二四年）四月二六日、これは日本労働弁護団・会長時代です。このテーマは「やめさせてくれない ~急増する退職トラブル~」でした。それから二回目が、二〇一三年（平成二五年）九月一八日、日本労働弁護団の会長を辞めた直後かな。これは「拡大する〝ブラック企業〟~過酷な長時間労働~」というテーマ。結構あの番組は反響があったようですね。後ほどNHKの方から反響はこれだけありましたという報告をいただきました。労働弁護団の活動をしているので、こういう番組に登場させようということになったのではないかと思っております。

〔高井〕あとは、大学にも出講されておられましたね。そして、ロースクールの教員としても大学で教鞭を取られたということですよね。

【宮里】ロースクールは、二〇〇四年（平成一六年）に発足しました。私はロースクール発足の時から最初の三年間、二〇〇七年まで東大のロースクールの客員教授——実務家教員と言うんですけれども——に就任をいたしました。ロースクールというのは、法曹を目指す人たちの専門的な教育をする法科大学院と言われるものです。その理念は、実務と理論を融合する教育の場、という位置付けなんですね。ですから、必ずロースクールの教員は、一定の割合の実務家教員をあてないといけないというルールがあるんです。そういう実務家教員として、労働事件を専門的にやっているということで選ばれてロースクールの教員を務めました。

私は教えることが好きなのかもしれないですね。最初に一九八七年〜八九年（昭和六二年〜六四年／平成元年）、これは中央大学の法学部の非常勤講師をやりました。これは中央大学の角田教授に頼まれたのだと思います。それから二〇〇一年〜〇三年（平成一三〜一五年）は、早稲田大学の大学院の非常勤講師を務めました。

よく「教えることは学ぶことなり」と言うけれども、教えるということは自分のやったことを反省させる非常に重要な契機になるし、教えていると、自分が実際はこういうことが本当は分かってないんだなということに気付かされるという、そういう機会でもありますね。そういう意味で、こういう経験をしたことは、自分の弁護士のキャリアの形成にとっても非常に有益であったのかなと思います。

〔高井〕大学に出講しておられたときのエピソードはありませんか。

【宮里】中央大学の非常勤講師をやっている時は、労働法特殊講義というのを担当しました

僕は、実務家としてやるわけだから、単なる教科書に書いてあることだけの話をしてもつまらないので、自分の経験に基づく実践労働法、私がやった解雇事件など、こんな事件で、これは法的にこういうことが問題になったんだという実務経験を踏まえた講義をなるべくしようとしまし

た。結構いろんな事件をやっていますから。労働契約の開始から終了までの労働の過程において生ずる様々な課題、労働条件の切り下げなど、できるだけ具体的な内容で自分がやった事件を素材にして話をしました。学生に労働法に対する興味を持ってもらおうという講義を心掛けました。

そして、私が担当した裁判の原告数人を講義の後半に連れてきてしゃべらせたんです。「こういうことでパワハラを受けました、いじめを受けました」――「私はこんなことで解雇されて、それで不当だから裁判をおこしました」など、必ず本人にしゃべらせた。それは非常に評判が良かったのか、アンケートに現れましたね。本人が来てしゃべったのは後半なんですよ。前半は講義だけ。学生は正直です。アンケートには「後半の講義が特に面白かった」という感想を書いていましたね。「前半はつまらなかった」とは書いてなかったですが。

なかには解雇された本人に「弁護士さんにはどれぐらいのお金を払ってるんですか？」と聞いた学生がいました。その質問された彼は「いや、先生にはあまり払っておりません」と言うんです（苦笑）。本当は「たくさん払っている」と言ってもらって、労働弁護士になろうという動機を作ってもらいたかったんだけど（笑）。

〔**高井**〕法学教育全体の中における労働法の位置と言うか、位置付け、必修じゃないですよね、労働法は、法学部や法科大学院で。

【**宮里**】はい、労働法は司法試験の科目でも必修科目ではないんです。選択科目ですね。学部でもロースクールでも選択科目。民法とか刑法とか、主要な六法と違って選択科目ですね。でも結構、労働法は、比較的受講者が多い分野かと思います。

〔秦〕今は司法試験の選択科目で一番人気じゃないですか、確か。

【宮里】それと、今は変わっているようですが、初期のロースクールは結構社会人からの入学者が多かった。今は本当に減っているんですよね、学部からロースクールに進学する学生が中心になりました。社会人からのロースクール入学者は自分で労働体験を持っているから、労働法に対する関心は非常に強いんです。

そうそう、国労の不当労働行為事件の労働委員会で相手側の席に座っていた某さんも、ロースクールの学生でいたことがあります。そういう人たちは社会経験をしていて、どちらかと言うと、人事・労務関係をやっている人が多いから、ゼミなんかをやっていると、「先生、そんな労働者の側の権利ばかりを主張されますが、人事の立場から言うと、それはどうでしょうか？」とか言ったりする。そういう率直な議論ができて面白かったですね。やっぱり現場での労働の経験がないと、労働法というのはなかなかピンと来ない面もありますから。

〔高井〕宮里先生はずっと全国の労働委員会の労働者委員でつくっている労委労協と関係が強いようですね。それは労働委員会制度をきちんと運用して、もっと役に立つものにしたいという想いからでしょうか。

【宮里】そうですね。私の仕事の中では不当労働行為問題というのは、かなり大きな比重を占めておりましたし。特に弁護士経歴の前半は、集団的労使紛争の時代でしたから、労働事件というと、どちらかと言うと、不当労働行為事件でした。とくに、一九六〇年代後半～七〇年代（昭和四〇年～五四年）というのは。

これはエピソードで、現在の東京法律事務所、当時の黒田法律事務所。先輩の尊敬する某弁護士がいらっしゃって、労働事件を一生懸命やっておられた先輩です。その先生に、事務所に入った時に、「私、労働法はあまり勉強していないんだけど、ちゃんとやっていけますか？」というようなことを言ったら、「宮里君、憲法二八条を知っているだろう。それを知っていれば務まる。憲法二八条と労働組合法七条――不当労働行為――この二つの条文を知っていたら労弁は務まるよ」って（笑）。いや、本当にそうだった、ある時期までは（笑）。

裁判所に出す事件も不当労働行為事件が多かった。不当労働行為によって解雇無効。解雇権濫用じゃないですよ、不当労働行為によって無効という主張が基本。それほど集団的労使紛争の時代だった。だからそういう意味では、労働委員会問題は、私の労働弁護士の原点みたいなところがあって。実際にも不当労働行為事件を、国労の問題もそうですけども、ずっと一貫してやってきたので、労働委員会の不当労働行為審査制度の在り方、調査や審理のあり方、救済命令をめぐる問題、労働者側の参与委員の責任とか、そういうことについてずっと関心を持ってきたました。

労働委員会問題については常に発言をしたり論文を書いたりしています。そういうこともあって、全国の労働者委員が組織している全国労働者委員全国協議会、労委労協という組織があるんですね。毎年不当労働行為救済制度の意義とか、そういうことについての講演を求められて、しゃべっています。

労委労協では『月刊労委労協』という月刊誌を発行していますが、よく不当労働行為関係の執筆を依頼されています。一九九〇年（平成二年）四月に出版した『労働委員会──審査・命令をめぐる諸問題』（労働教育センター）は、『月刊労委労協』に執筆したものをまとめたものです。

〔棗〕総評が解体されて労働弁護団になってった時に、僕はまだその頃、八七年は司法試験は受かってなくて、まだ卒業してすぐぐらいでした。当時の労働事件の様相というのはニュースと新聞ぐらいでしか分かっていませんでした。

でも、ストライキはずっとやっていました。春闘ストライキ、必ず電車は止まっていたし、大学の講義が無くなって「みんなで飲みに行こう」とそちらで盛り上がっていたりしました。ニュースでも、会社では布団を借りて泊まり込んで労働運動をやっている様子が報道されたりしていましたよね。八〇年代まで街頭闘争のストライキも相当報道されていて。僕は八一年（昭和五六年）中大の入学なんですけど。結構労働運動ってあるんだなという感覚があったんですが、それからパッタリじゃないですか。それはなんであぁ変わっちゃったのかなと。僕が弁護士になった時は九五年、九六年（平成七〜八年）辺りですが、本当に個別紛争ばかりだったんです。

【宮里】裁判所に行くよりは労働委員会に行くほうが多かったという時期もあります。今は、棗さんが言ったように、不当労働行為事件はほんとうに少くなりました。

労働運動の停滞が背景にあるのかもしれません。簡単に言えないけれども、なんとなく感覚的には、労働組合がある意味でそんなに闘争しなくても経済成長の過程で賃金が上がっていくという、そういう状況もありました。労働運動が、闘わなければ労働条件の改善ができないとか、そういう状況がかなり薄れてきた――ということもかなり背景にあったんじゃないかなと思うんです。

単なる春闘ではなくて、国民春闘という言葉が使われていましたが、昨今はあまり聞かれなくなりました。まだ幸いにして、最近僕が見た新明解国語辞典の最近の改訂版を見たら、「春闘」という用語はまだ残っていますね。そのうち死語になって辞典から無くなるんじゃないかという気がします。そうなって欲しくないのですが……。当たり前のように、春になれば春闘。これは、春闘と言うけど、全国で中小企業の春闘というのは、かなり大手が牽引していたんだよね。その影響を受けて、また中小が賃上げ闘争をやるという、そういう相乗効果もあったと思いますね。

〔高井〕まさしく、労働運動における波及効果は、労働界はもちろんのこと、広く社会全体にも大きな影響を与えていた部分が確かにありましたよね。

【宮里】波及効果。それがすごく大きかった。

〔高井〕二段構えでしたもんね。春闘で最初に大企業が妥結して、次は中小というかたちで。そして米価にまで波及する。

【宮里】中小の場合春闘はなかなかうまくいかないから、ストライキをやったり激しい運動、闘争展開したりするから、やっぱりいろんな事件も、不当労働行為事件も起こりがちでした。

大きな経済の流れの中で、労働者が自ら闘争して、労働条件を勝ち取るという、そういう労働をめぐる環境が薄れてきた、ということですね。

〔高井〕バブル経済も影響していると思います。八〇年代後半（昭和六一年〜）にバブル経済で、みんな受かれた時期があったじゃないですか。僕はその時は全然バブルの恩恵は受けていないけれど。バブル期には、黙っていても賃金が上がっていくし、労働条件が悪くならないというような、そういう状況がちょっとだけしばらく続いたじゃないですか。あれも大きかったのかなと思いますね。

【宮里】その後、減速経済に移った後は、逆に言うとその段階で闘争力を失ってるんです。実は、そういう時代にこそ労働運動が必要なんだけれども、その時にはもうストライキの経験も無いから、やろうともしないし、実際できないという状態に陥ってしまったのです。

背景として、もうひとつ大きなのは、思想的な面ですかね。労働運動を支えたのは、良くも悪くも総評労働運動を支えたのは、大きな意味で言うと社会主義思想が背景にありました。社会的なイデオロギーが。そのイデオロギーが支えたと思うんです。イデオロギーが資本主義社会の高度成長の中で弱まっていきました。一方の社会主義国は発展しているかと言うと、決してそうではありません。社会主義は停滞し、むしろ衰退している。そういうようなこともあって、やっぱりイデオロギー性も弱くなったということもあるんですかね。いろんな背景があるように思いますが。だから棗さんが弁護士になった頃なんかは、本当に集団的労使紛争が終わって、個別労使紛争の時代ですね。

〔秦〕もう本当にリストラ・ホットラインですよね、我々は。そこから入りましたから。僕は試験は労働法選択だったので。その頃は今と違って、個別紛争と集団紛争の一問ずつ試験でも出題されていました。個別紛争は具体的な事案が出るんですけど、集団紛争は現実の具体事例がないものだから。僕が受かった時は「労働法上の管理職の位置付けについて論ぜよ」という問題でした。集団的労使関係はそういう状況だったんですね。それは現実の労働運動に強く反映していますよね。

【宮里】労働法の研究者の関心も、だんだんと集団的労使関係が薄れて。最近の労働法の体系書、教科書を見ると、個別的な労使関係が圧倒的なボリュームですね。集団的な労使関係、団結権とか団交権とか、ましてや争議権なんていうのは扱われている分量が少ないです。

労働法学会が、これまで三回にわたって労働法全集的な講座を出しています。最初の二回の全集では、全体の半分以上が集団的労使関係です。私が弁護士になった時ですが、労働基準法のことをほとんどを知らなかったんです。労働基準法は最低基準だから、そんなものは問題にならなかったんです。

〔高井〕そうですね、組合があれば、労働基準法の出る幕はないわけですからね。

【宮里】だから、さっき言ったように、某先生の「労働組合法七条を知っていれば良い」ということになるのです。本当に、労働基準法違反という議論が無かったんです。それよりは当然上の労働条件だと思っているから。その後に労働組合の組織率が低下することもあって、労働基準法が非常に重要な意味を持ってくるようになるんだけども。

だから最初、僕も、集団的労使関係の時代に出版された日本労働法学会の二回目の『現代労働法講座第一四巻　労働訴訟』（一九八五年一月刊）に「労働争議と仮処分」という論文を書いています。

〔高井〕労働弁護団と労働事件の移り変わりで僕が聞きたいのは、日本労働弁護団という名前になりましたが、でもその頃は別に個別紛争とか無いじゃないですか。しばらく労働弁護団、総評弁護団から切り離れて、自主独立の道を歩む。存続も、組織も解散してもいいんじゃないかという議論もあったという風に聞いていたんですけど、残した理由は、集団的紛争はまだ無くなってなかったと思いますけど、事件が変わっていくなかで、どうやって組織的に対応していったのか、そういう議論ってあったんですか？

【宮里】ありました。ちょうどその時期は、全国で労働相談が一斉に増えました。集団的労使関係は無くなったけれども、個別労働紛争は増えている。だからそれに対処することが。新しい労働弁護団の役割だ、全国ホットラインをやろうという動きに繋がりました。全国ホットラインをやったのは、労働弁護団としてのまとまりを作る大きなきっかけになりました。

〔高井〕あれで労働運動も再生していくんですよね。

【宮里】活動が再生していきました。集団的労使関係は停滞しているけれど、新しい労働問題が起こっているという位置付けをして、それを我々はやろうということでした。

組合との関係は弱まってしまったし、集団紛争は無くなったのだから、労働弁護団は不要じゃないか、あまり意味が無いんじゃないかという議論が若干はありました。労使紛争、個別紛争について、みんなが相談を受けるようになったから。しかし、個別紛争に全国的に取り組んだことが労働弁護団のひとつの結集軸になったという気がします。それは、結果として正しい道を歩んできたんだろうと思うんです。

〔高井〕また、事件と労働組合との関係性においても、我々の闘いの中身も変わってきていますね。

【宮里】そうですね。七〇年代（昭和四五年〜）というのは、どちらかと言うと、相手は労働組合でしたが、その後は労働者個人です。

〔高井〕それを支えるのが労働組合ですね。

【宮里】だから、労働弁護団の目的の中に、「労働者および労働組合」と書いてあるんです。「労働者および労働組合の権利を担う」と。そこは労働者という視点が前面に出てきたと思います。

日本労働弁護団として再出発するにあたっては、いろんな議論があって。労働弁護団員のなかには反連合弁護団になるべきだ、という強硬な意見もあったと聞きます。ナショナルセンターの枠を超えて、全ての労働組合、全ての労働者のためにたたかうのが我々弁護団だと。だから「労働組合の潮流と関わりなく」というその原則はずっと貫いてきています、現在まで。

集会で壇上に立つ筆者（撮影年月日不明）

〔高井〕それが良かったと僕は、思います。自由でいいですから。本当に伸び伸びやれるので。

【宮里】だから逆に言うと、連合であっても、全労連であっても、全労協であっても、我々として、労働弁護団として意見を言うことができます。ナショナルセンターと労働法制の問題なんかについて意見が違うこともあります。だから、我々の労働弁護団の一番の核心は、自分たちが経験している実務的な経験、実践を踏まえた労働法制への問題提起とか、そういうところだと思うんです。「専門家集団としての立場から問題提起をする」というところが我々のスタンスかな、という気がしますね。

〔高井〕実践と理論と立法ですよね。そこを繋ぐということですよね。

　個別紛争ばかりですけれど、我々が集団的労使関係を学んだのは、ユニオン運動でした。

【宮里】新しい組合運動としてのユニオン運動が生まれたわけですが、これが発足するのはいつ頃からでしたか？

〔高井〕連合ができた時とだいたい同じぐらいでしたね。総評解散した時に、地方のいろんな小さなユニオンが集まって交流会をやって、総評の奈良大会だったかな、解散して、翌年には弘前でユニオン運動全国集会をやりました。

【宮里】ところで、そもそもユニオンの定義はどういうことなんですかね？

〔高井〕ユニオンの定義は、私の見解では、いつでも・どこでも・誰でも入れる組合。企業別・産業別を問わず、職種を問わず、全ての労働者にオープンな組合。日本の労働組合は企業別労働組合。それから職種別労働組合は日本では滅多にないけれど、海員組合のような職種別労働組合が中心。それからいわゆる産業別組合。これら三つのパターンがありますけれども、それらと違った組織的な特徴をユニオンは持っているわけです。

だから例えば、ある企業で解雇された。その時に組合が無いという時に、解雇されたのを機にユニオンに飛び込んで、ユニオンの支援を受けて解雇撤回闘争をやるとか。当時、「駆け込み寺」と言ったこともあり、駆け込み寺的な機能もあります。ただ、それだけじゃないですよね。労働組合を組織するのは、従来型だと企業単位でやろうとすると、みんなが賛成し、大多数が立ち上げないと組合はできません、企業別組合は。ところが、ユニオンだと一人でも作れるから、その企業内で五人だけでも組合を作ろうという人がいたらユニオンの分会とかそういうのを作れるというので、非常に組織づくりが容易だという点がメリットです。

企業に対して主導権を持つ交渉力・組織力があるかどうか、ということはユニオン運動の抱えている課題です。ただ、ユニオン運動というのは、従来の日本の組合組織が無かったところに団結できる場を創造するという大きな役割を果たし、これが全国に広がっていったんですね。

【宮里】 僕が弁護士になった時には、「ユニオン」という言葉は労働界にはありませんでした。「合同労組」って呼んでいました。これは、例えば全自交の中にも東自交（全自交東京自動車交通労働組合）という合同労組ができるんです。個人でも入れるタクシーの運転手などの東自交というのを作ったんだけど、これはすぐ潰れるんです。合同労組はできたんだけれども、運動として、理念として強調されたけれども、実際にはあまり浸透しなかった。

ユニオンという運動になってから、時代背景も変わったということもあろうと思います。僕なんかは古い人間だから、ユニオンという名前を聞いた時に、「なんだよ、新しがり屋が……」と。――要するに、「合同労組と言えばいいのに、あえてユニオンって、これは思想的に問題があるぞ……」と（苦笑）。なんとなく、どちらかと言うと、社会主義型の思想にちょっとシンパシーを抱くところがあったから。「ユニオンという新たな運動は、階級的労働運動から離れていくんじゃないか」という批判的な考えを持ったこともありましたよ。

しかし、ユニオン運動が身近な存在になって、誰でも入れるという、そういう役割はすごく大きいですよね。

それと、企業別労働組合の大きな弱点は、社会との接点が弱いというところです。ユニオン運動は組合運動であると同時に、市民運動、社会運動として組織的にもやりやすいという強みがあります。ユニオン運動における、ソーシャル・ユニオニズム、社会的労働運動という言葉がアメリカで広く言われています。現時点で、社会的労働運動を一番担いやすい組織はユニオンだと言っていい気がします。

2　労働弁護士の未来――棗弁護士と労働弁護士の未来を語る

(1)　雇用によらない就業者の労働者性

〔棗〕宮里先生が、現在どんな労働問題に取り組まれておられるか、どんなお考えであるか、また日本の労働運動の将来にどんな課題をお感じなのかをお聞きしていきたいと思います。

まず私が先生とご一緒に本格的に事件を担当させて頂いたのは、ファミリーマートの店長のユニオン事件ですね。その後、セブンイレブンの事件もご一緒しました。この事件に関与されるようになったきっかけや、そもそもこの事件がなぜ労働事件として注目されるのか、労働委員会でご苦労されたことなどお聞かせ下さい。

【宮里】いま、お話のあったセブンイレブン事件、それからファミリーマート事件、いずれもコンビニ加盟店の店長・店主がユニオンを結成して、フランチャイズ本部を相手にして団体交渉を求めた事件です。

フランチャイズ側は店長・店主は独立した事業者であって労働者ではない。したがって「ユニオン」は労組法上の労働組合ではないということで、団体交渉を拒否した事件で、フランチャイズ契約を締結しているフランチャイザーの労働者性が日本で初めて争われた事件です。きわめて現代的かつ将来の問題としても重要な課題を含んでいます。

しかも、全国展開をしているコンビニ事業であるということで非常に注目されました。不当労働行為の救済申し立てに対し、セブンイレブン事件については二〇一四年（平成二六年）三月一三日に岡山県労働委員会が、「労働法上の労働者である。労働組合だ」という判断で「団体交渉に応じよ」という救済命令を出しました。

ファミリーマート事件は、東京都の労働委員会に申し立てをして、二〇一五年（平成二七年）三月一七日に同じように労働者性を認めて救済命令が出ました。

この二つの労働委員会命令に対して、会社側は中央労働委員会に再審査の申し立てをし、残念ながら中央労働委員会では、両事件とも「労組法上の労働者ではない」ということで、県労働委員会の救済命令が取り消されました（二〇一九・三・一五）。

ユニオン側が国を相手に「中央労働委員会の命令を取り消せ」という行政訴訟を起こしており、現在審理中です。

〔秦〕宮里先生が、この事件を担当するきっかけはどんなことでしたか。

【宮里】ユニオンの組織化は連合岡山の指導によるものと聞き及んでいます。私は岡山県労働委員会では代理人にはなっていなかったのですが、会社側が再審査申し立てをした段階で、連合東京を通じて「代理人になってもらえないか」という要請がありました。たまたま担当している岡山の地元の奥津弁護士と昔から私鉄総連の岡山電気軌道事件などを一緒にやったことがあって親しい関係でもありましたので、このチャレンジングな事件を喜んでお引き受けしました。

その後、ファミリーマート事件でも同じような申し立てをしましたが、これは連合東京の依頼があって代理人を引き受けました。

〔棗〕宮里先生は、それらと同種の事件も、現在、扱っておられますね。

【宮里】公文研究会の公文教室指導者が結成したユニオンの不当労働事件も扱っています。コンビニと同じように労組法上の労働者が争われている事件です。都労委命令（二〇一九・七・三一）では労働者性が認められ、現在中労委で係争中です。

この種の事件が、今後増えていくのではないかと思います。コンビニの二つの事件は、いま棗さんと一緒にやっておりますが、中央労働委員会命令をくつがえして労働者性を認めさせるような結論を得るために頑張っているところです。

〔棗〕県労働委員会命令と中央労働委員会命令の判断が分かれたのは何故でしょうか。

【宮里】県労働委員会段階では、労働者性を判断するに当たって、二〇一一年（平成二三年）四月一二日に最高裁判所が出したＩＮＡＸメンテナンス事件と新国立劇場運営財団事件、一年後のビクターサービスエンジニア事件の三判例において、労働者性の判断要素を立てて判断しています。最高裁判所の三判決は、雇用契約でない業務委託契約のもとにある人に対して、「労働者である」と認めた事件です。

この最高裁三判決は、企業組織に組み入れられているかどうか、契約内容が一方的に決められているかどうか、報酬に労務対価性があるか、それから基本的な場所的時間的拘束性があるか、顕著な事業者性があるかなど、諸要素について客観的に実態を踏まえて判断して労働者性を認めました。

しかし、中労委は、そういう最高裁判所の判断手法と違って、「労働者性があるといえるためには、雇用でなければならないという限定はないけれども、労働契約に類する関係があることが必要だ」と、「労働契約に類する」という基本的な枠組みを示して、この枠組みに照らして判断をした結果、「労働契約に類する関係とはいえない。事業者としての性格をもっている」ということで初審の判断を覆したものです。労働者判断の基本的なありかたについての考え方を中央労働委員会が、かなり限定的に打ち出しました。それに基づいて判断をしたということで結論が異なりました。

これは非常に大きな問題で、「労働契約に類する」というしばりから抜けられないということになると、労働者性は非常に限定されちゃうんですね。いわゆるフリーランスなんかは「労働者」から排除されていく可能性があります。

中労委の判断基準は問題だということで、中央労委の基本的な判断のあり方を厳しく批判をして、現在裁判所の判断を求めているという段階です。

（2） 新しい就労形態が拡大する中での労働者の保護をどのように図っていくか

〔秦〕先生にご相談している他の事件で、連合本部が初めて闘争本部を作って、連合北海道地域ユニオンの事件ですが、ベルコという事件があります。それからＵｂｅｒＥａｔｓ（ウーバー・イーツ）配達員のユニオンが労働弁護団が支援してできまして。この件もいろいろ先生にも相談しましたが、これがまた団交拒否で、今都労委にかかっています。

雇用によらない業務委託の形式とか請負形式とか、そういう新しい就労の形態が増えており、例えばプラットフォームビジネスが今すごく流行ってます。ＵｂｅｒＥａｔｓの配達員はその典型ですが。新しいビジネスの中での働き方も変わってきている。労働者としてどのように保護されるべき人たちを、保護していくのかという、その解決の方向性を見出しておかないとすごく混乱すると思うんです。

その解決への大きな方向性というのは、先ほど言われた労働者性に関する最高裁三判決の、判断枠組みでいいのか、あるいはこれを立法化するなりの、そういう方向性でいいのか。それとも、もっと違うことを考えられるのか。先生のお考えは何かありますか？

【宮里】なかなか難しいテーマです。現在の段階で言えることは、今の労組法ができたのはいつかと言うと、一九四九年（昭和二四年）なんですよ。労働者の定義を定めた三条はその時の定義のままです。いやもっと正確にいうと、一九四五年（昭和二〇年）の旧労組法三条も同じ定義です。その時代にはフリーランスなんかは存在しないし、業務委託型とか、そういう労働形態というのは想定されていなかったと思うのです。

法律の解釈というのは、時代の変遷や社会状況の変化に応じて、その時々の情勢を踏まえて、可能な限り柔軟になされるべきだろうと思うんですね。

現在の労組法の解釈を労働者保護の視点から現代的に捉え直して柔軟に解釈するという、まず解釈論として、そういう状況の変化に応じた解釈論をすることが必要だと思います。

ただし、解釈論というのは限界があるので。やはり今日の実態を踏まえた労働者概念を再定義する立法改正も私は必要だろう思っております。

現在の法律の下で最大限の労働者性を認めさせるたたかいをする一方で、そこには一定の限界があるので、立法改正も視野に入れた運動を展開することが必要ではないでしょうか。そのためには、保護なき働き方には問題があるということを社会的に訴え広げていかないと立法に繋がりません。今やっている運動を強化し、支援をしながら、最終的には立法改正に繋げていくべきだと考えます。

〔**棗**〕労働弁護団としても、基本的に、労働者概念の立法提言を今年の労働者弁護団の総会でやりました。方向性としては先生のおっしゃるとおりだと思います。

今、宮里先生に、法律の解釈論では限界がある、立法が必要なんだ、運動が必要だとご指摘いただきました。

その立法化への運動と言うか、政治の転換と言うか、それのおかげでできた労働契約法二〇条ですね。民主党政権の時――僕はあれは民主党政権じゃないと絶対できなかった法律だと思いますけども――民主党政権の時にできた労働契約法二〇条。宮里先生も日本郵便の弁護団に入っていただいて、弁護団会議でも出ていただいていましたし、先生ご自身も長澤運輸事件で最高裁までたたかわれましたよね。

あれが戦後初めて、日本の非正規労働者が有効な法律という武器を手に入れて闘える、立法を手にして裁判に打って出たという典型的な例だと思います。

正規と非正規の格差に関して、二〇二〇年（令和二年）一〇月に五判決がいっぺんに出ました。それからメトロコマースの事件。大阪医科薬科大学事件。日本郵便の事件、三事件。一〇月一三日・一五日といっぺんに出て一三日の二つの判決は労働側が全敗。一五日の三つの日本郵便の判決は労働側が――上告受理した部分ですけども――労働側が全勝。こういう結論になったわけです。

この長澤判決・ハマキョウ判決に続く最高裁五判決によって、日本の雇用社会における正規・非正規の格差是正は本当にできるのかという問題について、先生のお考えを聞かせていただけないでしょうか？

【宮里】僕は、労働契約法二〇条の存在と、二〇条を活用してたたかってきたことが、従来のタブーを破ったと思っています。「正規と非正規の格差は当たり前だ、だから非正規なんだ」というタブーを破ったという点では、負けた二つの事件も含めて非常に大きな意味があると思います。そこは結論だけではなく、広い視野から評価しないといけない。権利は一歩一歩前進するものではないでしょうか。

判決をよく見ると、「有期であれば退職金を払わなくてもいい、賞与を払わなくてもいい」とは言っていないんです。「二〇条に照らして不合理かどうかは検討の対象になる」と言わせたわけです。これも、私は大きな成果だと思うんです。

そういう意味で言うと、今回、特に手当については、不合理だという判断が出ましたから、あの最高裁判決に照らすと、現に存在するいろんな諸手当の格差問題は最高裁判決違反なんだと思いますよ、多くの企業において。

そういう意味で、日本郵便事件における判決は、他の企業にも大きな影響を与えていくでしょう。

ただ、賞与というのは年収の二〜三割を占めるものですね。それから退職金だって、長年働いていれば大きな額になるわけです。そこのところは、まだ最高裁判決を見ても、なぜ賞与と退職金が違うかと言うと、その目的が「正社員の人材の確保定着」と言ってるわけです。それが主たる賞与と退職金の格差が合理的な理由だと。ここが、判断の骨格になってるんですね。

最高裁判決は、まだ従来の正社員論からは抜け出してないんです。そこが最高裁判決の限界で、二〇条でタブーを破ったんだけれども、まだまだ格差是正の道のりは続くということです。

私は、最高裁判決が中身もあるけども、労働側も含めて日本社会が、正社員と非正規の格差をこの間、基本的に容認してきたという側面があると思うんです。

ですから、解決していくためには、もちろん司法にも新しい法律、新法ができましたので、新法の元での新たな判断が求められる。二〇条と違って、新法八条は条文に基本給・賞与ということが明確に書かれている。基本給や賞与も不合理かどうかの検討対象になる。それから、新法と同時に作られたガイドラインは退職金には触れてないんだけど、最高裁判決は、「退職金も検討対象になる」としました。

〔棗〕個別事案によっては、不合理ということはあり得ると言っていますからね。

【宮里】 ですから、そこから先は、労使関係、労働組合が交渉の中で解決をしていくということだろうと思うんです。

二〇条というのは、要するに、「不合理な格差があると法律違反だ」としているだけであって、望ましい処遇というのとはまた別なわけです。法に違反していないというだけです。違反するかしないかという問題と、望ましいかどうかというのは違います。望ましい労働条件は、労使の自治というか、労使関係の中で形成されていくべきです。

最高裁判決は、「これからは組合の出番だぞ」ということを、組合に投げかけたと、労働組合の側は受け止めるべきなのだと、僕は思っております。

今、労働運動の最大の問題は、組織率の低下が止まらない点です。この最大の要因は、非正規労働者が未組織であるということです。

だから、この問題は、処遇の格差の問題と同時に、労働組合の団結が広まるかという問題です。非正規が増えていって団結がますます狭まるか。まさに団結のあり方そのものが問われている問題だろう思います。

処遇格差がもたらしている団結分断の壁を、正社員中心の組合が自己変革を遂げつつ、これを克服できるかどうかが、今後の大きな課題ではないでしょうか。

【秦】僕も宮里先生と全く同じ意見でありまして、先生から整理されてご説明を受け、本当にすっきりしました。

まさに最高裁は、メトロコマース事件の補足意見で、林景一裁判長が先生がおっしゃったのと同じことを述べています。「労働組合の話し合いで決めてくれ、こういう制度も作れるじゃないか」と。

本来は、労使で話し合って、労働組合も、正社員中心の労働組合も非正規労働者を組織化して変わっていかなきゃいけない。その中で今ある格差を労使の話し合いによって是正していくべきですね。それは本来のあり方だと僕も思います。

一方で、過去を見ると、先生がおっしゃったように、日本の労働組合が格差を放置してきたから、この惨憺たる状況になっているんじゃないのかと、僕は本当にそこは厳しく言いたいところなんです。

　組合が変われば、林裁判長が言うような、労使で任せておいても大丈夫というメッセージは、それは前向きに受け取れるんですが、現状はそこまで全然行っていないし、むしろ逆行するような動きもあるくらいです。手当が不合理だと認められたとすると、その手当を廃止して基本給・賞与にぶち込めばいいじゃないかと、そういう動きが出てきているのは問題です。我々が本当に正面から闘っていくべきだと思います。

【宮里】この問題の本質は、非正規労働者の問題であると同時に、正規の労働者の問題なんだ、と言いたい。例えば、使用者側の動きとして、非正規の処遇改善しなければならないとすると、人件費の原資を配分することになるから、正規の賃金も切り下げて、非正規を上げる、非正規の処遇引き上げを理由に、正規を下げるという動きが現に出てるんですよ。使用者側の論理からすれば、人件費の配分の問題である、ということになる。

　そうすると、正社員の組合のほうが「非正規の改善を要求すると、我々に被害が及ぶ」という発想が出てきます。この問題の取り組みに非常に慎重になってるところがたくさんあります。格差是正が、結局自分たちに跳ね返ってくる、と。

　本当にこの問題は、文字通り、正規と非正規の連帯と言うか、全体の労働者の底上げと言うか、そういう視点を持たないと、本格的に切り込むというのは容易じゃないと思います。労働組合にも自己改革を求められているのだと、とらえる必要があります。

弁護士というのは、当該事件について個別的な救済をやるんですけども、そこに留まるわけですよ。我々ができることは、あくまでも個別の救済なんですね。それを全体に広げるとか、より多くの人がそのような適用を受けることは、まさに労働組合・労働運動の課題です。個別の事件を普遍化するというのは、弁護士にはできかねる面があります。弁護士は、「普遍化すべきだ」という問題提起はすべきです。しかし、現実に普遍化できるかどうかは、組合の問題だと思います。

この問題で、学習会が結構あり、そこで私は最後に「この問題をどうするかは、結局皆さん方自身がどう考えるのか、という問題に跳ね返ってきます」と言っています。

【棗】今始まった話じゃなくて、ずっと以前からその問題というのは、非正規――パート・アルバイトの処遇改善を求めていくと、経営側は「正社員の条件を下げるぞ」みたいな話があって、そこで止まっちゃうんですね、交渉が。

その時に、こっちが切り込んで「分かった。面白い。あんたらの処遇はどうするんだ」とか、「株主に対する配当はどういう切り下げるんだ」――そういう切り返し方をやってないんですよ。そこで全部止まるから。それは四〇何年前から変わらない構造です。

まず組織化が大事ですよね。非正規労働者も含めた組織化が。

【宮里】組織化するためには、その人たちの問題を真剣に取り組むことが必要であり、「組合に入ってこい」と言うだけでは無理です。そういう組合だということが分かって初めて、ともに連帯しよう、団結しようと組織化に繋がるので。これは両者一体不可分だと思いますね。

〔秦〕最近の状況では、ともかく企業内の内部留保がどんどん増えているわけです。そこを見ることなく、与えられた小さいパイの中で、「非正規に分配したら、正規の労働条件を下げるぞ」なんて言われて、それでシュンとなってしまわずに、経営側と、原資分捕り合戦やらないと駄目なんじゃないでしょうか。

労働組合側が「面白いじゃないか、勝負しようじゃないか」という腹を決めて対峙しないから、いつも中途半端に終わってしまいます。

【宮里】法的な問題だけ一言言っておく必要があります。非正規の処遇を改善することを理由に、正規の労働者の労働条件を不利益に変更することは合理性を欠き、法的に許されないと思いますよ。

(3) 雇用を軽視する制度を認めてはならない

〔秦〕もう一つ、現在菅政権になってから急に動き出した立法問題です。これまでずっと専門家研究会で議論してきた労働契約解消金制度ですね、解雇の金銭解決制度。これは過去に政府が何度もやろうとして頓挫して今度は三度目の正直です。

二〜三年前に頓挫したはずだったのが、また復活してきて、議論が再開されました。もう研究会報告書が出る寸前まで議論が固まっています。仮に、報告書が出たらすぐ労政審に来ます。可能性は相当高いと思います。

この解雇の金銭解消制度について、先生のお考えと問題点、その是非について、お考えをお聞かせいただきたいと思います。

【宮里】今、棗さんが指摘したように、この制度を作ろうという動きというのは長い歴史があって、その都度強い反対により、潰されてきました。

ついこの間、経団連も改めて金銭解決制度が必要である、の見解を表明しています。雇用の流動化を促進するために重要な手段だという考え方です。

この制度の本質は、使用者がお金を出せば雇用を終了させることができる制度、と言っていいと思います。

解雇無効・地位確認という仕組みを排除して、使用者がお金を出せば、雇用を終了できる制度を作ろうということでしょう。

雇用の持つ意義とか、雇用に対する保護・法的な規制を空洞化することにつながると思います。雇用には生活の問題もあるけど、それ以外に労働の尊厳とか、いろんな意味があり、それをお金の面だけで考えるというのは、雇用をないがしろにするものです。

安易な解雇を誘発することにもなります。労働側が「金銭解決でいい」と労働者が同意した場合にだけ、つまり、労働者が申立した場合に、ということが前提になっていますが、今度の報告書もそうなるでしょうが、必ず「使用者側にも中立権を認めるべき」と言い出すでしょう。

〔秦〕すでに、言ってます。

【宮里】過去に検討された解雇の金銭解決制度はそうだった。経団連もそういう主張、考えですね。

雇用というものを、単なる金銭を獲得する手段・生活手段と見るのではなく、もう少し広く雇用の持つ意義を考えるべきだと思います。

〔秦〕もう一つは、実質的に、うるさい組合役員を解雇できる制度になりかねないです。結局、労働組合が発言を控えるようになってしまいます。何と言ったって、日本は企業別組合ですから、労働組合の役員が文句を言うことになると、ちょっとした理由を付けて安易に解雇してしまうことになるでしょう。

【宮里】使用者側が気に食わない労働者を、解雇によって排除する手段に悪用されるということですね。

最終的に金銭解雇に持ち込もうと考えればいいわけだから、安易な解雇、あるいは使用者が目星を付けた人を排除する手段として乱用される。場合によっては、不当労働行為とか、思想・信条差別などに悪用される恐れもあります。

〔秦〕労働弁護団が頭を悩ませてるのは、過去に二回潰したのは、本当は厚労省も反対で、経営側でも「こんな制度要らない」と思っていた人はたくさんいたはずだという点です。それと一番大きかったのが、裁判所が反対しました。
ところが、今は外堀が埋まってきているんです。反対してるのは労働側だけで、しかも組合に入ってない若い労働者のサラリーマンの中には、「お金をもらえるんだったらいいじゃない」と考えている人もいます。

【宮里】そういう意識や考え方をどう変えていくかというのは、相当難しい問題です。

〔秦〕組織率の低さと裏腹なんですね。
さっきの雇用の流動化もそうなんですけど。UberEatsなんかも、組合員は「自分たちは労働者じゃなくていい。この自由な働き方がいい」。ただ、ちゃんと交渉したいから、団交権・団結権は欲しい、ということなんです。

【宮里】今、秦さんが指摘したのは、本質的な労働者の意識の問題だと思います。この時代において、雇用をどう考えるか。雇用と生活と関係する大きな問題です。妙案はありません。問題の本質、結局不利益を受けるのは労働者側であるということを、粘り強く訴え続けていくということだと思います。

〔秦〕これは労働側がみんなで考えなければいけませんね。

（4）コロナ禍での雇用をどう守っていくべきか

【棗】ちょっと視点を変えて。今、新型コロナの経済危機で、厚労省が発表した数字でも、非正規がもう八万人以上も切られています。今後、倒産・廃業が必至ですよね。このままだと、感染拡大の下で、コロナ禍で打撃を被ってる業界――飲食・旅行・運送・アパレル・イベントなどの会社が潰れていくという状況が必ず出てくると思うんですよね。

その経済危機下で雇用が本当に大変なことになりかねない、大失業時代を迎えかねないような状況において、この労働問題にどのように取り組むべきか。労働弁護士・労働組合はどう取り組んでいくべきか、先生のお考えがあれば。

【宮里】コロナ経済危機下での問題を整理してみます。一つは、雇用・労働条件に対する影響です。この影響を強く受けるのは非正規労働者ですね。整理解雇とか、雇止めとか。それから採用内定取り消し、賃金切り下げなどの問題も、今後増えてくる気がします。

それからもう一つの問題は、リモートワークとかテレワークなどが拡大することによって、ある意味での新しい働き方とも言うべきものが、本意・不本意にかかわらず増えている点です。従来考えていた使用者の指揮監督の下での労働として労働時間を把握するという、労働時間問題にも大きな影響を与えます。自宅でやっていると、仕事と生活との境界がはっきりしない。本社から監視すると言うか、プライバシーが侵される危険性もあるという問題もある。

さらに、コロナ感染症について、どこで感染したか感染経路は分からないのだが感染した場合の、業務遂行性、業務起因性の問題です。業務遂行性・業務起因性があれば労災と認定されるんだけども、感染経路が明らかでない場合にどうするかという問題です。

そしてもう一つは、先ほども少し議論がありましたけれども、テレワーク、リモートワークなどによって「もう雇用は不要じゃないか」ということで、よりフリーランス的な働き方を使用者が選択をする傾向が進むことです。雇用によらない働き方が、これを機に、今後さらに増えていくだろう、という問題がありますね。

また、兼業・副業がやり易くなるという状況も生まれます。

こういうような問題が今後増えてくる。つまり、コロナ危機下で生じてくる新たな労働問題、そこに出てくる法的課題についてどう取り組むのかという問題と、こういう状況の中で労働組合はこの問題にどう取り組むのか。非正規、それからフリーランサーの組織化という問題も含めてどう取り組むかという課題を、労働組合に突きつけているのではないかと思いますね。

これらの問題についての、取り組みを怠れば、ますます労働組合の存在意義が薄れていきます。逆に言うと、この問題について労働組合がきちんと取り組めば、労働組合は頼れる存在としてその役割を発揮することができ、労働組合は必要なんだということにもなります。今後の労働運動の動向に大きな影響を与える気がいたします。

〔**秦**〕コロナと労働組合運動の具体的な側面では、労働組合活動の中心である、みんなで集まって相談したり学習したりということが、感染防止の観点から、すべてできなくなっているわけです。そういう中で、労働組合運動の日常活動の実態はどうなんですか?

【宮里】労働組合が今もっとも悩んでいる問題です。組合員が一堂に会して議論する場がない。大会もちゃんと開けない。書面大会とか、委任状による大会とか、それからオンラインで大会を行ってはいますが窮余の策でしかありません。この間、多くの組合からは組織運営についての相談を受けています。

労働組合というのは、特定の場に結集をして、そこで喧々諤々議論をすることによって、お互いに問題意識を共有したり、相互批判したりして。それで団結を強めていくという運動の本質があるのですが、そういう機会が失われていることは事実ですね。今なんとか、最大限の工夫をして団結の維持・強化を図って欲しいと切に思います。

〔高井〕イギリスでは、コロナになってから組合員の数が増えているとも聞きます。政府が出す最低限の政策だけではしんどい、生きていけない。組合に入って、それに上乗せさるには、横断的な労働契約とか、その傘下に入りたいというので。イギリスの労働組合はコロナが発生してから数が増えているという面もあるようです。

今コロナ禍で、政府がカネをばらまいていますが、手続きさえ取れば、最低限の公的援助は受けられます。でも、そこから弾かれている多くの人々が存在します。従来の雇用とは異なる新しい形態で働くフリーシフトと言われている労働形態の人々などです。これは、元々労働時間を特定していないから、ただ仕事にアサイン（割り当て）しないだけで、休業でもないし解雇でもないんですよ。失業率の統計の対象にもならず、何の保障もないという状態です。

実態は悲惨です。コロナ禍発生の二〇二〇年四月ごろから以降、一円も入ってきていない労働者が、全国ユニオンに多く救済を求めてきています。

労働組合の持っている交渉力とか団結力、これまで政府とも交渉してきていますから、トータルでみんなで守り合おうという姿勢が大事ですね。

【宮里】団結のあり方にしても、従来のままでは駄目で、新しい団結のあり方を真剣に追求していくべきです。「禍を転じて福となす」といいます。コロナ禍は、見方を変えれば労働組合が、その存在意義やと役割を果たす契機、チャンスかもしれません。

〔棗〕労働の中心が、リモートになってから、先ほど出た、非正規以下のネットワーキングで働いている人たちが増えていますね。そういう人たちは、最低賃金の時給にも行かないようなペイで働かざるを得ない状況です。フリーランスは個人事業主なので。最賃の適用がないです。となると、企業とすればそういう労働力を使えば、簡単に人件費圧縮ができてしまう現状があります。

【宮里】テレワークであれば、事業所を持つ経費のコストも要らないし、いろいろな面で企業にとっては都合がいい。

〔棗〕かつ、ネットワーカーに対しては、肝心のコストを労働者の方から賃金を提示させるんですね、労賃を。そうすると、低いほうで争うことになってしまいます。

この問題は、連合が実は積極的に取り組んでいます。ネット上でフリーランスのネットワーク会員の会を立ち上げたんです。それに入会してもらえば、法律相談とか、生活相談とか、資金の提供とか、そういう相談ができるようなネットワーカーの会を立ち上げて、今取り組もうとしています。

労働弁護団も支援してくれということで、法律相談を引き受けるということにしています。

今やろうとしているのは、保険制度を作ることです。本当にわずかな金額の保険で、月五〇〇円とか一〇〇〇円とかという安い制度なんですが、小規模な共済制度のようなものを作ろうとしています。そういう取り組みも、労働組合がやるというのはすごくいいことなんですけど。

【宮里】連合の文書を見ると、そうした会員制を通じて、集団的労使関係の組織化に繋げていくとも書いてあります。会員を募って、会員の皆さんが労働組合を立ち上げるというような方向性を追求しようと。ひとつの新しい流れだと思います。

(5) 派遣法とフリーランスという新しい働き方

〔高井〕宮里先生が国会で参考人として意見陳述した一九八五年(昭和五〇年)の派遣法。その後も形を変えて、当初の設定と全く違ったものに改悪されてきて、最近では、壊れそうな旅館の継ぎ足した別館みたいになって、どこに本体があるか分からないようなヘンテコリンな法律になってしまいました。

普通の人間が読んでも分からないような法律になってしまった。八五年に国会で参考人で意見陳述をした立場から見て、どんな感想をお持ちですか？

【宮里】派遣がこれだけ拡大をするということは法律ができた時は想定していませんでした。法律スタートの時には、非常に賃金の高い専門的な業種に限って、例外的に間接雇用を認めるというのが本筋だったのです。

しかし、どういう業種・業態であったとしても、一部でも派遣を認めるとその旨味を知った使用者がどんどんその範囲を拡大していってなし崩しなってしまう恐れがあると、反対意見を展開しました。

それに対し、「いやそうじゃない、現行法はきちんと限定している、だから弊害はない、一般雇用に影響を与えない」と推進派は断言しました。政府の答弁もそうだし、派遣法の基本的な考え方を打ち出した研究会の座長の信州大学の高梨先生も、そういう意見をおっしゃっておられました。

立法というのは、いったん法律の枠組みができると、良くも悪くも、どんどんとその立法が変わっていくんですよね。良い方向に変わることもあるし、悪い方向に変わることもある。あとは、法律の一部改正になっていきます。

新しい法律を作るのはしんどいんだけど、いったんできた法律の改正というのは、比較的やりやすいんです。

［棗］いわば、マイナーチェンジですからね。

【宮里】 そう。そういう意味で言うと、私は参議院で意見開陳をした時に「蟻の一穴論」――ひとたび旨味を味わうと、どんどん拡大していくだろうと言ったんだけど。それが現実化してしまいました。

正規・非正規・パート・派遣という雇用形態に加えて、昨今は、フリーランサーという新しい形態も入ってきて。それがひとつの実質的雇用の一形態になってきました。逆に言うと、あまりに広がったものだから、確かに不十分とはいえ、二〇条の「不合理な労働条件」の禁止の対象にしたわけです。対象にはしたんだけれど、派遣についてだけはなぜか労使協定制度を作って、それによることになると、本来の原則がそこで歪められてしまう。派遣についてだけやったというのは、理解できません。なぜ派遣についてだけ、従業員代表制度を持ち込んだのか。

そして、今は、派遣よりさらに進んだ「雇用によらない働き方」が増えています。派遣はまだ雇用だからね。不十分とはいえ、雇用に関する一定の規制は及んでいる。フリーランスは間接雇用ですらない「非雇用」形態です。

〔髙橋〕 連合がフリーランスのアンケート調査をやって、二〇二〇年六月に発表しています。その時に、人材派遣協会に聞きに行ったそうです。すると、フリーランスの六～七割近くがそういう人材会社の仲介を経ているんです。協会の人が何と言ったかと言うと、「派遣より儲かるんです」と。派遣は規制がそれなりにあるけれど、これは何の規制もないので。「これからはここで儲けます」ということなんでしょう。

(6) 八〇歳を超えても第一線で戦える秘訣

〔棗〕宮里先生は、八〇歳を超えられても、労働委員会で反対尋問をされたり、法廷で尋問されたり、ご自身が実務の第一線でやっておられます。なかなかいないですよ、失礼ながらこんなご高齢で第一線でずっと活躍しておられる方は。

しかも、ちゃんとやりきることができる、頭と健康と気力の秘訣をぜひ聞かしていただきたいですね。

【宮里】あえて言えば、事件を引き受けた責任感でしょうか。自分の尋問によって、場合によっては負けたり、勝ったりするわけですよ。それで全てが決まるとは思わないけれど、そういう責任感があるから元気でいられるのかもしれません。

たとえば、明日重要な会社側の証人について尋問するという時は、寝つきがよくありません。今でも。「明日どうやって追及しようか」と考えて。その緊張感というのは、嬉しいし、それが私の健康法かもしれません。

〔棗〕僕も実感しています。労働弁護士の一番の醍醐味は、相手側、会社の人事・総務を反対尋問でやっつけた時ですね。反対尋問をどうやるか考えると、ものすごく高揚しますね。

【宮里】そのためにはもちろん準備もします。「こう質問したらこう答える、これはマズイな。するとこっちから追求した方がいいかな」、とかね。そういうのをいろいろ考えると寝れなくなってくる（笑）。

〔高井〕僕が、ご一緒した代々木ゼミナール事件でのことでした。宮里先生が相手側の証人を尋問していました。先生は、優しい問いかけを重ねながら、徐々にこちらの土俵に誘い込んでいって、いつの間にか自白させてしまったことがありました。

すると、会社側の労務担当者が「うまいなあ！」と思わず嘆息したんです、僕の前で。敵ながらあっぱれ、ということなんでしょうね。宮里先生の尋問にはそういう魅力があります。

【宮里】私は、普段は非常におとなしい紳士的な弁護士だと思われているようです。でも、やっぱり反対尋問になると、時々人が変わるらしいんですね（笑）。

ある不当労働行為事件で、女性の組合員を証人申請していたのですが、証言の前日に会社が呼んで「本当に明日証人に出るのか？」と脱退工作をしたのです。その女性に脱退工作をした人間がその翌日証言したので、会社側の主尋問による証言とは全く関係がないんだけど、反対尋問の冒頭「あなた、昨日の午後八時、誰々さんを呼んで、こういうことを聞きましたね。そして、明日の労働員会に本当に出るのか、証人に出るのかということを聞きましたね？　聞きましたね？本当に聞いたでしょうね!?」とだんだん興奮してきて。証人が「そんなことやってない」って言ったものだから、余計に興奮して声もさらに大きくなって。会社側の代理人から異議ありとの発言、すると公益委員が、「組合側の代理人が大変興奮しておられるので、審議は暫時休止」――。

我々の仕事のモチベーションにはそんなことも必要かなと、勝手に思っています。

〔棗〕お聞きするところでは、宮里先生は健康法としてリンゴを食べておられるそうですね。先生は毎日リンゴを一つ食べていると。

【宮里】健康法をことさら意識しないで生きていますね。

リンゴは一年中毎日食べています。リンゴとヨーグルト。リンゴは買うことも多いんだけれど、長野県の労働運動関係者から毎年たくさん送っていただくリンゴが本当に美味しいんですね。信州リンゴにつられて長野県の「二一世紀労働運動研究会」が主催する二ヶ月に一回行われる学習会の主任講師として、毎年一一月に講演に行くことが恒例になっています。

数年前から棗さんもこの研究会の講師を務めていますよね。

(7) これからの労働運動に求められること

〔棗〕日本の労働組合運動は、社会と繋がる労働運動ということを意識して、再構築することが求められていると思います。

これからの労働組合や、労働弁護士の役割は何かということと。併せて、日本の労働組合、それから労働弁護団の特に若手の、これから中堅・若手の弁護士に期待することについて、宮里先生のメッセージをいただきたいと思います。

【宮里】今の労働運動の抱えている問題、そして今後の労働運動のありようを考える上でいくつか私なりの問題提起をしてみます。

先ほどからも出ていたように、非常に雇用形態が多様化している中で、正規・非正規、そして雇用によらない働き方を含めた労働者全体の連帯というものを追求していくということ。まず基本的な視点として、それが求められているのではないでしょうか。それに密接に関連しますけども、我が国の労使関係は企業別労働組合中心の集団的労使関係でした。この問題は、もう事実上、大きな変容を迫られています。だから、企業別・産業別の枠を超えた広範な労働組合の総結集を図るという視点が、労働組合運動には求められていると思います。

さらには、労働運動は、対企業との関係が第一義的ですが、しかし様々な制度を作っていくためには、対企業との関係だけでは不十分で、労働運動が広く社会に訴えていく視点が欠かせません。そのためには、労働運動自身が、社会運動とか市民運動との連携を図っていかなければなりません。

アメリカでは、ソーシャル・ユニオニズム、社会的労働運動という思想が強まっています。社会的労働運動の思想を労働組合が自らの思想にするということです。今の状況を見ると、それが労働組合に求められており、かつ追求していく方向性ではないだろうかという気がします。

だから、労働組合はそういうことについて、本当に労働者、そして労働者は同時に市民でもあるわけですから、労働者と市民の総体的な利益とか権利とか、そういうものを視野に入れた、広範な運動を展開するという――そういうところに方向性を見出していかないと、今歯止めのかからない組織率の低下の状況を克服できず、だんだんとジリ貧となり、労働運動の存在意義が薄れていくのではないかという強い危惧を抱いています。

いま、コロナという社会全体が大きな危機にぶつかっています。労働運動も、大きな岐路に差しかかっています。先ほど、イギリスやアメリカでは、コロナ禍であるからこそ、労働組合への加入者が増大しているという話がありました。それに対して、日本では、従来型の運動の展開のままでは、ジリ貧で労働組合の将来は暗いと言わざるを得ません。現状の総点検と、あるべき方向性について、議論を深めていかないと、労働組合の再生・復権、我が国の労働運動の将来に明るい展望は見い出せないでしょう。

労働運動にはぜひともそういう方向性を追求してほしいものです。労働弁護士が結集している労働弁護団もまた同じような視点に立って、こういう問題を追求する労働運動、労働組合に伴走する存在でありたいと思います。弁護士はあくまでもサポート役だと私は思うのですが、やはりこれらの運動をあらゆる場で支えていく使命を果たすべきだと考えます。

〔棗〕若手の労働弁護士に求められるものについてはどうでしょうか。

【宮里】法廷内のたたかいとともに、常に外に対して問題提起をしていく姿勢が必要だと思います。当該の個別事件の解決にとどまることなく、より多くの労働者の利益を考えていく。そういう視点に立った取り組みが、労働弁護団にも求められるだろうと思います。

最後に、棗さんから、「若手に」ということだったので、ひと言いいますと、私は、労働弁護士に求められるものは、もちろん法律の知識とか判例の知識とか、労働事件をやる以上はそういうことについて勉強すること、これは最低限必要です。

ただ、私は、労働弁護士に必要なのは、「熱き志」だと思います。労働者・労働組合の権利を組合と一緒に、共に取り組むことによって——伴走だけれども。そのことによって権利を守っていく。権利の拡大を追求していく。そのことについての情熱、労働者のたたかいについての共感、熱き志というのが必要だと強く思います。

労働弁護士に必要なのは、「クールヘッド」と「ウォームハート」です。

私も長い労働弁護士経験のなかで、いい判決も取ったけれども、労働者側からみて悪い最高裁判決にも関わりました。そこには慙愧の思いもあります。そういうこともあるんだけれども。やはり「熱き志」がなければ、労働弁護士は務まらないと思います。

ぜひ、若い人には、そういう気持ちで労働裁判、労働弁護活動に取り組んでもらいたいと思います。私は、若い人のあとを後ろから、トボトボと遅れないように必死に追いかけながら、ついていこうと思っております。

ただし、「熱き志」だけは抱いて。

インタビュアー／高井《たかい》晃《あきら》・髙橋《たかはし》均《ひとし》・棗《なつめ》一郎《いちろう》
日時／二〇二〇年一〇月二八日・一一月六日・一一月一二日

第Ⅱ部　裁判をめぐる随筆

1　ウチナーからヤマトへ

――宮里さんの生い立ちを聞かせていただけませんか。

一九三九（昭和一四）年、大阪市天王寺区で、沖縄出身の両親の三男として生まれました。一九三九年というと、ドイツ軍がポーランドに侵攻、英仏がドイツに宣戦布告し、第二次世界大戦が勃発。わが国でも、国民徴用令が施行されるなど戦時体制が色濃くなりだした時です。父の実家は沖縄・宮古島の平良市（現宮古島市）で島一番の大きな商店を営んでいたようで、次男である父は、大阪に住み、沖縄の特産品を売り、衣料品などを仕入れて宮古に送るという仲買人のような仕事をしてました。

一九四四（昭和一九）年、わが家は天王寺から大阪府下堺に引越し、そこで終戦を迎えています。私は終戦の翌年一九四六（昭和二一）年に、堺の小学校に入学しました。往時の記憶は定かではありませんが、戦争末期の記憶は残っています。頻繁な灯火管制のこと、空襲警報のけたたましいサイレンが鳴る度に暗闇の中、隣家の防空壕に一家で駆け込んだこと、天空を飛来する米軍機B29の機影を幾度か仰ぎ見たこと、父が徴用されて働いていた工場近くに爆弾が投下されたこと等々です。

食糧難など戦後の混乱状況下、父が喘息を患っていたこともあり、一家五人は大阪での生活を断念、父の実家のある宮古島へ引き上げることになりました。一九四七（昭和二二）年、小学校二年生の夏のことです。

――終戦後、どうやって宮古島へ帰ったのですか。

終戦直後の混乱期、大阪から宮古島まで、一家五人の引き揚げの旅程はさぞや大変だったろうと想像します。本土（内地）にいた沖縄出身者は戦後、引き続き本土にとどまるか、米軍統治下の沖縄に帰るかの選択を迫られたようで、わが家の場合、生活上の理由から、沖縄帰還の道を選んだという訳です。宮古島に帰れば、ともかく食っていけると父は考えたようですね。

とはいっても、どうやって宮古島に帰るのか。沖縄へ帰ることを希望する者は長崎県佐世保の収容所に集結するよう指示されたようです。大阪を出発し、おそらく超満員の汽車に揺られて佐世保の収容所に辿り着いたと思われますが、この道程は全く記憶にありません。佐世保の収容所に集結したのは、沖縄行きの連絡船を待つためでしたが、中国大陸や朝鮮半島からの引き揚げのためにも連絡船が必要であり、順番を待って沖縄行きの連絡船に乗るまで約二ヵ月間の収容所生活を送りました。

南西諸島と呼ばれる奄美大島や沖縄に帰る人々を乗せた連絡船が佐世保の港を出港したのは

一九四七（昭和二二）年一〇月頃ではなかったでしょうか。一〇数年前、夫婦で長崎を旅した折、平戸から佐世保まで船で渡ったことがあります。船上から九十九島の美しい島々を眺めながら、佐世保の収容所生活のことがふと頭をよぎったことを思い出します。連絡船は、奄美大島の名瀬に寄港した後、那覇の泊港に到着しました。しかし、今度は那覇から宮古島行きの船がない。宮古行きの船を待つため、沖縄本島中部の泡瀬の米軍キャンプで約一ヵ月過ごした後、宮古島の張水港にようやく辿りついたのはその年の暮れであったかと思います。

泊の港に着いた際、事前に連絡があったのでしょうか、母方の親戚の人が出迎えにきていましたが、そこには母の両親の姿はありませんでした。沖縄戦で戦死していたのです。本土防衛の防波堤となり、日本で唯一の激しい地上戦が行われた沖縄戦での戦没者数は、沖縄県の資料によると県外出身日本兵六万五九〇八人、沖縄県出身軍人・軍属二万八二二八人、一般住民九万四〇〇〇人、米軍一万二五二六人とされています。戦争末期、音信も途絶えていたことから、母は両親の死を知るよしもなかったということです。両親の死を知らされた母が号泣したことを今でもはっきり覚えています。

――ふるさと宮古島での小学校・中学校時代の思い出を話していただけませんか。

一九四七（昭和二二）年から、高校を卒業する五八（昭和三三）年まで沖縄・宮古島で小・中・高時代を過ごしたわけですが、思い出は尽きません。小学生時代、夏休みになると、毎日のようにわが家から徒歩一五分くらいの近くの海に出かけて泳いだり、小魚釣りをしたりして楽しみましたし、熊蝉（「ナビガース」）採集もよくやりました。中学生時代は野球に熱中しました。私はセンターでした。平良中学三年の時、宮古島中学校野球選手権大会で優勝しました。もっとも、当時宮古島には中学校が一〇校ありましたが、野球部があるのは二校のみで、初戦＝優勝戦でしたが……。

中学時代のことでいえば、嬉しい思い出があります。中学二年生のとき、生徒会がつくられ、生徒会歌の作詞募集があり、私の作った詞が採用されました。「緑は映えて 花は咲き 吹くはそよ風わが心」で始まる宮里作詞の生徒会歌が、今でも歌われているかどうかは知りませんが。

中学二年の夏、母が結核を患い、闘病生活一年で亡くなりました。わが家は文具店を営んでいたのですが、喘息持ちの父を支えて苦労を重ねた母の死、わが人生で一番悲しい出来事でした。

――中学時代、どんな本を読んでいましたか。

本は好きでよく読んでいたと思います。とくに、当時、「少年クラブ」「太陽少年」「譚海」などの月刊雑誌があり、宮古島の本屋に届くまで相当時間がかかっていましたが、毎号欠かさず読んでいたと思います。夢中で読んだのは、江戸川乱歩、横溝正史、南洋一郎などの探偵小説、冒険小説ですね。

――高校時代、そして大学に入るまでのことを語ってください。

宮古島には当時普通高校と農林高校、水産高校がありました。私は普通高校の宮古高校に入学しました。

高校生になると、二人の兄が東京の大学に入っていたこともあり、東京の大学に行って勉強したいとの強い思いが募ってきました。今は、三時間余りの直行便で東京・羽田まで行ける宮古島ですが、当時テレビはもちろんなく、東京の情報は映画、雑誌、新聞そして二人の兄からの手紙と手紙に同封されて送られてくる写真でした。

ラジオやレコードから流れる「東京ラブソディー」「東京の花売娘」「夢淡き東京」など私の好きだった東京ソングは東京への憧れを掻き立てました。福岡県八女出身の作家五木寛之が、その自伝的エッセイで、東京への抑え難き憧憬を語った一文を読んだことがありますが、まさにわが思いも同じでした。宿願叶って一九五八（昭和三三）年から東京で大学生活を送ることになりますが、東京に行ったら、神田神保町の古本屋街など行きたいと思っていたところがいくつかありました。その一つが、野球少年憧れの後楽園球場でした。

とっておきの自慢話（?）がありますので披露します。それは、同年四月七日、後楽園球場で行われたセ・リーグ開幕戦の読売ジャイアンツ対国鉄スワローズ（現ヤクルトスワローズ）戦を観戦したことです。長嶋茂雄がデビューし、スワローズの金田投手から四三振を喫したという、かの有名な試合です。結果は一対〇で国鉄スワローズが勝利した。当時、国鉄スワローズは広島カープといつも最下位を争っていました。「判官贔屓《ひいき》」というのだろうか、以後、私は熱心な国鉄スワローズファンとなりました。

高校時代のことに話を戻しますと、高校時代は大学受験のことが頭にあり、ほぼ勉強に専念していたと思います。「螢雪時代」という旺文社の受験雑誌や高校生向けの研究社の英語雑誌「ユース・コンパニオン」を読んで刺激を受けましたし、よくラジオ講座を聴いていました。好きな科目は英語と世界史でした。

もっとも、高校時代の一年から二年ぐらいにかけて、文学書を読み耽った記憶もあります。森鴎外、芥川龍之介、夏目漱石、志賀直哉、横光利一、有馬武郎などです。プロレタリア文学の徳永直「太陽のない街」、小林多喜二「蟹工船」も読んでますね。

英単語カードをつくり、ポケットにいれ、夕暮時近くの漲水港に突き出しているポー崎に出かけ、伊良部島の島影をみながら海に向かって大声で英語の発音の勉強をしたことも高校時代の懐かしき思い出のひとつです。

大学のことですが、琉球政府立宮古高等学校（現沖縄県立宮古高等学校）を卒業し、一九五八（昭和三三）年に東京大学に進学しました。そのことについて話したいと思います。

一九四六（昭和二一）年、連合国軍最高司令官マッカーサーは、日本と南西諸島の行政分離を宣言、以後沖縄は二七年間にわたって米国の施政権下におかれました。沖縄返還協定が締結され施政権が日本に返還されて沖縄県が復活したのは一九七二（昭和四七）年のことです。琉球政府は、米国が一九五二（昭和二七）年に沖縄統治のために作った行政組織で、その代表者である琉球政府行政主席は、一九五八年に公選制になるまでは米国高等弁務官による任命制でした。米国の施政権下にあった沖縄における通貨は米軍票B円が使われ、私が大学に入学した年の一九五八年にはB円からドルに切り替えられました。ドルが日本円に切り替えられたのは一九七二年の施政権返還後のことです。

私が東京大学に入学することができたのは、東大の入試を受けた訳ではなく、文部省（当時）が沖縄において実施していた「国費留学生試験」に合格したことによるものです。国費留学生試験は、本土の大学へ進学を希望する高校生を対象に行われるもので、医学部、工学部、農学部、法学部、教育学部など専攻別に定員があり、毎年五〇人ぐらいが選抜されました。試験に合格すると、全国の国立大学に配属され、授業料免除、奨学金が支給されるという特典がありました。私は、この国費留学生試験に「法学部」枠で合格、幸いにして、東京大学に配属されることになりました。

長兄、次兄は医学部へ進学しており、周囲からも医者への道を勧められましたが、基地拡張のための土地強制収容に反対する「島ぐるみ闘争」が展開されるなど、社会問題への関心を強めていた時期であり、高校に入学する頃には、政治、経済、法律など社会科学分野の勉強をしたいという思いが強くなり、法学部を希望しました。といっても、弁護士になりたいなどと考えていたわけではありません。当時の宮古島の高校生にとって、「弁護士」という職業を具体的にイメージすることはできませんでした。

「貴方の日本国への留学を許可する」と記された琉球列島米国民政府長官発行のパスポートを携え、一九五八年二月上京。宮古から那覇まで船で一五時間、那覇から鹿児島まで船で二四時間、鹿児島駅から急行で二八時間、長い時間をかけて東京に辿りつきました。東京駅のホームに降り立った時、これから始まる大学生活への期待と不安に胸が高鳴っていたことを、今でもつい昨日のように想い出します。

――大学時代、どんな学生生活を送りましたか。学生運動が盛んだったころですよね。

一九五八年（昭和三三）四月、東京大学に入学し、東京での学生生活が始まりました。

教養部時代の二年間、アカデミックな雰囲気の中で、初めて勉強する哲学、心理学、社会学などの講義はとても面白かったと思います。欲を出して「ラテン語」も受講したのですが、結局サボってしまいました。

ところで、今は多くの観光客が訪れる沖縄ですが、当時本土においては、沖縄に対する認識は驚くほど薄いものでした。

都内世田谷の下宿先のおばさんに「宮里さんは日本語お上手ね」と言われたのはショックでした。とりわけ、ショックだったのは、その後親友となった大学のクラスメートからも、同じようなことを言われたことです。

私は、沖縄のことをもっと知ってもらわねばとの使命感みたいなものをいつも抱いていたと思います。クラスの友人と語り合うとき、基地のことなど何かと沖縄の話題にふれるようにしたし、クラスの飲み会では、「阿里屋ユンタ」などの沖縄民謡を歌ったりしました。私が所属していたサークル菊坂セツルメントの機関誌に「沖縄に於ける日の丸の意義」という一文を書いたこともあります。これは当時本土では右翼の象徴であった「日の丸」が沖縄ではアメリカの支配に抵抗し、祖国復帰を求める県民運動のシンボルであることを論じたものです。

東京には、沖縄出身の学生で組織する東京沖縄県学生会があり、時折沖縄の施政権返還を要求する集会などに学生会の友人と参加していましたが、そのうち数人の仲間と語らって『沖縄評論』という雑誌を創刊し、沖縄の歴史研究と祖国復帰運動の理論化（?）を試みたこともあります。これはいわゆる「一号雑誌」で終わりましたが……。

大学二年から三年にかけての時期はいわゆる六〇年安保闘争の時期と重なります。学生運動が大きく盛り上がった時代です。二〇一八年四月一日に入水自殺した評論家で元東大教授の西部邁は同じクラスの活動家でした。私もクラスの友人と一緒に時々全学連のデモの隊列に加わり、国会周辺で「安保反対」、「岸内閣打倒」などとシュプレヒコールをあげました。もっとも、いわゆる活動家ではありませんので、大学の授業には真面目に出席した上で、デモに行くという程度でしたが……。一九六〇年六月一五日の安保反対のデモでは全学連のデモ隊が国会に突入、東大の女子学生樺美智子さんが機動隊の下敷きになり、圧死するという事件がおこりました。実はこの日のデモに途中まで参加していましたが、当時家庭教師のアルバイトをしており、途中で下宿に帰っていました。樺さん死亡のことは下宿近くの銭湯で観たテレビのニュースで知りました。

法学部の講義でとくに面白かったのは、川島武宣教授の「法社会学」と丸山眞男教授の「日本政治思想史」でしたね。丸山教授は当時一番の人気教授で、立見が出るほどの名講義でした。私が大学時代に読んだ本でもっとも感銘したのは、丸山著『現代政治の思想と行動』（一九五七年刊）だと思います。

大学三年になった夏頃から、司法試験を受け、法律家になろうと本気で思うようになりました。それからは授業に出る以外は大学図書館にこもり法律書の勉強に明け暮れる日々を送ることになります。こう書くと、いかにも勉強漬けの味気ない日々を送っていたと思われそうですが、土曜日と日曜日は、法律の勉強から離れ、小説を読んだり、渋谷で映画を観たりして過ごしました。一九五〇年代から六〇年代、映画全盛の時代です。映画館はいつも満席、立ち観も珍しくありませんでした。当時観たチャップリンの『ライムライト』、ヒッチコックの『裏窓』、黒澤明の『七人の侍』など数々の名画の感動は今も胸に残っています。『ライムライト』の「テリーのテーマ」はもっとも好きな映画音楽です。

またその頃多かった名曲喫茶にもよく出入りしていました。コーヒー一杯で約二時間、スピーカーから流れるクラシック音楽の調べに耳を傾ける。名曲喫茶は私にとって心安らぐ時間と空間でした。私はいつも部屋でクラシックのＣＤを流していますが、クラシック好きになったのは、学生時代の名曲喫茶通いの経験によるところが大きいと思います。

大学三年の時、東大セツルメント法律相談部に入り、大学近くの文京区菊坂町の菊坂セツルメントに属し、法律相談を行いました。実務も知らない学生が法律相談なんて今考えると冷や汗ものですが、借地借家の相談が多かったと記憶しています。

セツルメントは今でいえば貧しい地域における社会福祉活動・ボランティア活動ということになるかと思います。医学部の学生は医療部に属して地域で活動していました。それから、若い時から喘息で苦しんだ父が、私が大学三年になった直後亡くなり、死に目に会えませんでした。

――労働弁護士になろうと思った理由や動機などについて話していただけませんか。

一年留年し、一九六二（昭和三七）年に司法試験に合格し、六三年三月卒業、同年四月から司法修習一七期生となり、二年間の修習を経て六五年四月、弁護士となりました。弁護士といっても、その取り扱う分野はさまざまで、自分はどのような弁護士をめざすのか、社会の弱者に寄り添って活動する弁護士になりたい、働く者の人権や生活を擁護する立場の弁護士になろうという気持ちが次第に強まってきました。

労働弁護士を志した理由はいろいろあったと思います。学生時代に経験した六〇年安保闘争、東大セツルメント法律相談部の活動、当時の昂揚していた労働運動への共感などがあげられるでしょうか。また、法律分野では労働法にもっとも興味を持っていたことも大きい理由です。京都地方裁判所に配属されて一年半の修習中、片岡曻京大教授が主宰しておられた、京都大学の労働判例研究会に参加させてもらい労働法を勉強する機会を得たことも労働事件への関心を大いに強めることになりました。京大労働判例研究会で当時出たばかりの京都府労委命令（葵タクシー事件）についての私の報告原稿「就業時間中の組合活動の正当性」が京都府で出していた「経営と労働」という雑誌に「司法修習生」の肩書きで掲載されましたが、これは公刊物に載った私の初めての原稿です。

一九六五（昭和四〇）年四月、多くの労働事件に取り組んでいる新宿・四谷にあった黒田法律事務所（現東京法律事務所）に入所、その後一九七二（昭和四七）年に東京共同法律事務所に移り、現在に至っています。

（『じちろう』連載「ウチナーからヤマトへ」全11回を再編集して掲載）

2　沖縄関係訴訟への取り組み

――労働弁護士として労働裁判に取り組む一方、沖縄出身弁護士として沖縄の米軍基地など沖縄関係の訴訟にもいろいろ関与してこられたと伺っていますが、そのことについてお話しください。

一九六五（昭和四〇）年に弁護士となり、労働事件に奔走する日々を送ることになるわけですが、沖縄出身の弁護士として、沖縄の祖国復帰運動と米軍基地問題はいつも我が心中にあり、いくつかの沖縄関係訴訟、米軍基地関係裁判に携わってきました。

最初に関わった沖縄関係裁判は、弁護士になった翌一九六六（昭和四一）年九月九日に沖縄の住民八人が、日本政府（国）を相手に東京地方裁判所に提起した二つの「沖縄違憲訴訟」です。

一つは、本土に渡航するパスポートの発給を琉球列島米国民政府長官により拒否された住民三人が原告となった国家賠償請求です。原告の一人は当時、沖縄人民党委員長であった瀬長亀治郎さんで、一九六五（昭和四〇）年四月に神奈川県川崎市で開かれた「アジアの平和のための日本大会」に参加するために申請したパスポートの発給が拒否された。瀬長さんについては、「米軍

が最も恐れた男　その名は、カメジロー」というドキュメンタリー映画が二〇一七年に公開されたのでご存知の方もいるでしょう。

もうひとりの原告は、私の高校時代の友人の琉球新報の記者でした。

二つ目の訴訟は、広島および長崎で被爆し、沖縄に住む三人が治療のために支払った治療費の償還を、「原子爆弾被爆者の医療戦後に関する法律」に基づいて日本政府に請求した訴訟です。米国の施政権下にあった沖縄在住の被爆者（一八〇人といわれた）には同法が適用されず、治療費の自己負担を強いられていました。

損害賠償請求等の名の下に提起されたこの二つの訴訟は、米国による沖縄統治の根拠とされているサンフランシスコ平和条約三条を「国連憲章違反、日本国憲法違反である」とし、日本政府が米国の違法な支配を容認し続けていることを告発し、沖縄の祖国復帰運動の正当性を訴えるものでした。沖縄出身の私にとってこれらの訴訟への関与は原告代理人弁護士というよりも、「原告」として参加しているという思いでした。

沖縄違憲訴訟は一〇年間にわたってたたかわれ、一九七二（昭和四七）年、沖縄返還が実現した後、復帰運動に一定の役割を果たしたと総括、取り下げられました。

パスポートを拒否された瀬長さんでしたが、原告本人尋問の申請を裁判所が認めたことにより、初めて本土の土を踏むことが可能となりました。裁判所で供述するために必要なパスポート申請については、さすがに米国民政府長官も拒否できなかったということです。瀬長氏は沖縄における米軍当局による人権侵害の実情の怒りを込めて告発する供述を行いました。瀬長さんは裁判の後、全国各地で沖縄返還を訴える活動を行いました。（沖縄違憲訴訟について詳しくは、拙稿『判例時報』（四三〇号・一九六六年一月一一日）掲載の「沖縄住民が提起した二つの訴――アメリカの沖縄支配は許されるか――」、日弁連『自由と正義』（一九八七年五月合特集「憲法訴訟の四十年」）掲載の拙稿「沖縄違憲訴訟」）

「恵庭事件」と沖縄――

「恵庭事件」のことも、沖縄との関係ということでお話ししておきたいと思います。「恵庭事件」とは、北海道千歳郡恵庭町にある自衛隊演習場付近の酪農民の兄弟二人が爆音等によって乳牛に被害（早流産や乳量の減少）を受けたため自衛隊に賠償を求めたが認められず、しかも射撃訓練については事前に連絡する旨の紳士協定があったにもかかわらず、これに反し砲撃訓練が行われたことに抗議。自衛隊の演習本部と射撃陣地とを連絡する電話通信線を数ヵ所切断したことが自衛隊法違反に問われた事件です（事件は一九六二年一二月に発生）。

被告人側は、自衛隊は憲法九条違反、適用された自衛隊法一二一条（「防衛の用に供する物を損壊した物」――五年以下の懲役又は五万円以下の罰金）は違憲無効、被告人は無罪であると主張しました。

恵庭事件の弁論は、四三人の弁護人が七日間にわたって行うという歴史的大弁論でした。六日目には、沖縄出身の金城睦弁護士が登壇し、「自衛隊と沖縄」というテーマで弁論を行った。この弁論原稿は、金城弁護士、古波倉弁護士そして私の三人の在京沖縄出身弁護士が論議し、共同執筆したものです。金城弁論は「沖縄は第二次世界大戦の末期に本土の防波堤として最後の激戦地になり、三ヵ月間の戦闘で二〇万人近い生命が失われたところである。わずか一四、五歳の中学生や女学生も戦争に駆り立てられ、ひめゆり部隊、鉄血勤皇隊として痛ましい最期を遂げたことは裁判官も御承知のことでしょう」と切り出し、「沖縄における米軍基地の実態と役割」「沖縄を媒介としてみた自衛隊と米軍との関係」を論じたものです。

　沖縄の米軍基地からベトナムに米軍機が出撃するというベトナム戦争のさなかに行われたこの弁論、われわれ三人の弁護士の頭にあったのは、悲惨な沖縄戦によって培われた沖縄県民の反戦平和の思いを代弁したいという強い思いでした。

　自衛隊の合憲・違憲をめぐって三年有余、検察側と弁護側が激しく争った歴史的な裁判でしたが、一九六七（昭和四二）年三月二九日に言い渡された判決は、自衛隊と憲法九条の関係について触れることなく、自衛隊法一二一条の解釈（「防衛の用に供する物」に該当しない）だけで被告を無罪とした「肩すかし」判決ともいうべきものであった。

「喜瀬武原《キセンバル》闘争」――

「喜瀬武原闘争」への弾圧事件の弁護活動もしました。

国土のわずか六％の地に、在日米軍基地の七〇％が今なお集中する沖縄。後を絶たない米軍人・軍属による犯罪、多発する米軍用機の墜落事故、爆音による日常生活への影響、基地建設に伴う自然破壊等、米軍基地は多年にわたって沖縄県民に苦痛を強いてきました。そして、今また、県民の反対を無視し、辺野古新基地建設が強行されています。

一九四五（昭和二〇）年、沖縄戦末期、海軍司令官大田實少将は、県民の献身的な協力ぶりを讃え、「沖縄県民斯ク戦ヘリ、県民ニ対シ後世特別ノ御高配ヲ賜ランコトヲ」と結ぶ電文を次官宛に打って、六月一三日、豊見城の司令部壕で自決しましたが、沖縄基地問題の推移と現状を見るとき、大田が求めた「御高配」がなされなかったことが判然とするのではないでしょうか。

沖縄県民はさまざまな場面で、さまざまな形で米軍基地に対するたたかいの歴史を刻んできましたが、その一つが私も弁護人を務めた「喜瀬武原闘争」です。沖縄県原水協は一九七六年九月一七日、米海兵隊が住民の生活道路である県道一〇四号線を封鎖し続けている実弾演習を阻止すべく、労働組合員五〇数人を沖縄本島北部のキャンプハンセン基地内の喜瀬武原の森に立ち入らせ、そこで烽火《のろし》を上げるという抗議闘争を展開、許可なく基地内に入ったとして全沖縄軍労働組合組合員ら四人が「日米地位協定実施に伴う刑事特別法第二条違反の罪」で逮捕・起訴されました。

われわれ弁護団は、安保条約・日米地位協定の違憲性、抗議行動の正当性を主張、無罪判決を求めましたが、那覇地方裁判所は一九八〇（昭和五五）年五月二〇日、懲役三月、執行猶予一年の有罪判決を下し、福岡高裁那覇支部もこの判決を維持しました。

この裁判の弁護団長を務めたのが、伊達秋雄弁護士です。伊達弁護士は一九五九（昭和三四）年三月三〇日、東京都下砂川基地拡張に反対し、米軍基地に立入った罪で七人が東京地裁に起訴されたいわゆる砂川事件で安保条約を違憲と断じ、無罪判決を下したかの伊達秋雄裁判長です。伊達判決は結局、最高裁で覆されることになりますが、国労弁護団の先輩として面識のあった先生の事務所をお尋ねし、弁護団長をお願いしたところ、快く引き受けていただきました。砂川事件のリベンジという思いが先生にはあったのかもしれません。「裁判官たるもの、憲法を守ることを片時も忘れてはならない」と後輩裁判官を諭すかのように語られた伊達先生の弁論は強く印象に残っています。

「代理署名拒否事件」──

最後に、「代理署名拒否事件」について話させてください。

一九七二（昭和四七）年五月一五日、二七年にわたるアメリカの沖縄支配は終わり、沖縄は日本に返還されました。この返還に伴い、米軍が沖縄県内の土地を駐留米軍用地として引き続き使用するためには、国と地主の間で土地賃貸借契約（「軍用地使用契約」）の締結が必要となりました。軍用地使用契約の締結を拒否した土地を強制使用するためには、当該土地の所有者であることを証する地主の署名が求められ、地主が署名を拒否した場合には、地主に代わって沖縄県知事が「代理署名」することとされました（駐留軍用地特措法）。

一九九五（平成七）年九月四日には米兵三人による少女暴行事件が発生。これに抗議する県民総決起大会が開かれるなど米軍への批判が高まる中、九月二八日、大田昌秀沖縄県知事は、土地返還を求めて契約を拒否する地主の意向、さらには長年にわたって強いられてきた米軍基地の過重負担を理由に代理署名を拒否することを表明します。

これに対し、当時の村山内閣総理大臣は、知事に「代理署名せよ」との職務執行命令を発し、命令を拒否する知事を被告に、一九九五年一二月七日、職務執行命令訴訟（地方自治法旧一五一条の二）を福岡高裁那覇支部に提起したのです。

この訴訟は、国と沖縄県が米軍基地のあり方をめぐって法廷で真っ向から対峙するものでした。

私にも、県知事側から代理人就任要請があり、この訴訟の県知事側代理人を務めました。

一九九五年一二月二二日に開かれた第一回口頭弁論期日で大田知事は、「私はこの裁判で被告とされているが、私こそが国に米軍基地の縮小・整理を求める原告である」と気迫に満ちた意見陳述を行いました。この大田知事の陳述に気圧されたのか、当日の法廷で原告国側の代理人が「被告といたしましては……」と発言、傍聴席から失笑を買うひと幕もありました。この事件は最高裁大法廷で弁論が行われ、私も弁論を行いましたが、残念ながら、一九九六（平成八）年八月に知事敗訴が最高裁で確定することになります。私は、県知事弁護団の一人として訴訟対応にあたるとともに沖縄の基地問題を訴えるため、札幌、仙台など全国各地で開かれたこの裁判の支援・報告集会に足を運んだこと、そしてどこの集会も多くの参加者がいたことを懐かしく思い出します。

3　最高裁判所弁論（その1）——新国立劇場運営財団事件

オペラ合唱団員の労働組合法上の労働者性

1　参加人代理人の宮里です。原判決は、「法的な指揮命令ないし支配的関係」の有無という労働者性を厳しく限定する判断基準に拠って、本件合唱団員の労働者性を否定したものでありますが、原判決で、私がもっとも引っかかったのは次の行《くだり》であります。それは、契約メンバーが個別公演出演契約を締結したことによる様々な制約について、「オペラ公演のもつ集団的舞台芸術性に由来するもの」「オペラ公演の本質に由来する性質のもの」であるとして、これらの制約は、労組法上の労働者性の判断には何の影響もないとする趣旨の判断をしている部分であります。一審判決にも、契約メンバーが指揮監督を受けることは集団的舞台芸術から生ずるもので、労組法上の労働者を肯定する理由にはならない、とほぼ同旨の判示がありました。オペラは音楽とドラマ、バレエなどから構成され、総合芸術といわれます。独唱のみならず、合唱もオペラにおいては重要な役割を担っています。たしかに、オペラは判決のいうように、「集団的舞台芸術」です。しかし、労働者性を否定する論拠として、集団的舞台芸術論が持ち出されたことには素直にいって大いなる驚きと甚だしい違和感を禁じ得ませんでした。

原判決では、「オペラ＝集団的舞台芸術」が、労働者性を否定するマジックワードになってい
ます。

原審裁判官は、音楽あるいは芸術と労働とは相容れないと考えたのでしょうか。

オペラという芸術に携わる音楽家がユニオンに入り、ましてやユニオンの団結力を恃んで団体交渉によって問題の解決を図ろうとするなどというのは、音楽家としてあるまじきことであるという発想が原審裁判官の心の奥に潜んでいたのではないかと思われてなりません。
2　集団性といえば、プロ野球はもっとも集団的なスポーツであります。オペラ出演者が演出家や指揮者の指示・指揮に従わねばならないと同様、プロ野球の選手は、監督の指示に服さなければなりません。
選手に課せられているさまざまな制約は、まさに野球という集団的スポーツの性格に由来するものです。集団的スポーツの本質に由来する制約があるから、プロ野球選手は労働者たりえないということになるのでしょうか。

日本のプロ野球選手は、球団と野球選手契約というタイトルの契約をしています。しかし、プロ野球選手は、日本プロ野球選手会という労働組合を結成し、日本プロフェッショナル野球組織と契約条件について団体交渉をしています。プロ野球選手が、労組法上の労働者であり、プロ野球選手会が労働組合として団体交渉権を有することについては、東京高裁平成一六年九月八日決

定も判示しているところです。アメリカのメジャーリーガーたちもユニオンを結成し、団体交渉を行っていることはよく知られていることであります。

3　原判決が労働者否定の論拠とした「集団的舞台芸術」論は、きわめて特異な考え方であり、芸術、芸能、スポーツなど「職業の種類を問わず」として、どのような労働かを問わない労組法三条の明文の規定にも反するものです。

音楽家ユニオンは、国際音楽家連盟を通じて世界の主要国の音楽家労働組合に協力を求め、実態調査を行いました。調査対象国は、アメリカ、ドイツ、フランス、オーストリア、イタリア、イギリス、ギリシャ、ハンガリー、スイス、フィンランド、スウェーデン、ノルウェー、イスラエルです。どこの国でも、歌劇場の合唱団員は、労働組合に加入し、労働組合を通じて歌劇場の経営者と労働条件を交渉していることが判明しております。歌劇場の合唱団員が、労働者として、ユニオン・メンバーたりうることは国際的な定説であり、合唱団員が労働者であることは、世界の常識といえます。

もしも、原判決のように、労働者性が否定されることになるならば、音楽家の世界にあって、日本の常識は、世界の非常識になってしまいます。

4　契約の形式や文言に目を奪われるのではなく、実態・事実を直視していただきたいのであります。契約の形式や文言は、非対等な当事者間においては、容易に操作できるものです。労働者性の問題、わけても、労組法上の労働者性の問題は、その者のおかれている実態を十分に考慮を入れて判断されるべきであり、そのあるべき判断基準等については理由書において詳しく述べたところであり、本日の弁論において、相代理人がそのエッセンスを論じたところであります。原判決の採った労働者性の判断基準とその帰結としての労働者性否定の判断は、適切妥当な判断基準のものとで、全面的に見直されるべきであります。「合唱団員は、団結権を保障される労働者として遇されるべきです」という本件で求めている合唱団員の「声」に耳を傾けていただきたい。これは、決して本件合唱団員一人の声ではありません。同じような立場にあるすべての音楽家の「合唱」なのであります。

5　CBC放送管弦楽団事件の最高裁昭和五一年判決は、労組法上の労働者性の独自性を認めた判決として評価されるものでありますが、当時に較べ、本件のように、労働者性を否定し、使用者としての責任を免れる状況が増えつつあるなかで、最高裁には、団結権・団体交渉権保障の趣旨に則ったより広い労働者概念を定立することが求められていると思います。

本件において、最高裁がそのような判断を示されることを期待し、私の弁論といたします。

（＊二〇一一年三月十五日弁論、二〇一一年四月一二日判決）

4　最高裁判所　弁論（その2）——長澤運輸事件

定年後再雇用者と正社員の賃金格差

1　本件は、労働契約法二〇条の解釈適用に関して最高裁が口頭弁論を開く初めての事件であり、最高裁がどのような判断を示すかに大きな注目が集まっています。

有期、パート、派遣のいわゆる非正規労働者は、今や雇用労働者の四〇%に達しています。パート、派遣もそのほとんどが有期労働者であり、また本件の如く定年後再雇用にあってはすべて有期労働契約であります。

本件が関心を集めるのは、このように、有期労働契約労働者が大きな割合を占める雇用社会の現状下で、有期契約労働者と無期契約労働者の賃金・労働条件の格差はどこまで許されるかが問われているにからにほかなりません。

2　有期労働契約には無期労働契約と較べて二つの大きな構造的ともいうべき問題があります。ひとつは、雇止めという雇用上の問題、もうひとつは、賃金・労働条件の格差という問題であります。二〇一二年の労働契約法改正によって設けられた労契法二〇条は、雇用形態の違いによる不公正な処遇が広く行われている実情をもはや放置できないとして、それを是正するために設けられた立法であります。

原判決は、本件有期労働契約が定年後再雇用のそれであることを重視して、本件における賃金格差の不合理性を否定したものでありますが、その論旨の核心は、「定年後再雇用においては職務内容が同一であっても定年前と比較して賃金減額が一般的に広く行われ、社会的にも容認されている」ということにあります。

賃金格差が広く行われているという社会的事実は確かに存在します。しかし、だからといって「社会的に容認されている」というのは、誤りです。

雇用社会は労使によって構成されているものです。使用者は人件費コストを削減するために、格差を良しとして容認しているかもしれませんが、決して労働者が容認しているわけではないのであります。社会的容認論は、一方に偏した見解です。

3 「存在するものは合理的である」とはかのドイツの哲学者フリードリッヒ・ヘーゲルの有名な言葉でありますが、原判決は、「賃金格差は存在する。存在するが故に『合理的である』」というのでしょうか。

「社会的容認論」を論拠として、本件賃金格差の不合理性を否定した原判決は、労契法二〇条の立法趣旨に真っ向から反するものであり、二〇条規範の実効性を著しく弱め、事実上無意味ならしめるものであります。

社会的に広く存在する事実があっても、そしてたとえそれが社会的に容認されているとしても、それが法に照らして許されるかどうかを判断するのが司法の使命ではないでしょうか。現判決の判断は司法判断の停止、いや司法判断の放棄と言わざるを得ません。

4　いまわが国においては労働力不足が問題となっており、六〇歳定年を迎えた後も、六五歳まで、いや七〇歳まで働くことが当たり前の時代となりつつあります。

同一労働であっても、定年後の大幅な賃金切り下げを容認する原判決の考え方は定年後再雇用労働者の働く意欲、労働へのモチベーションを甚だしく弱めることにもなります。

労働契約法二〇条は二〇一三年四月一日から施行され、五年が経過していますが、不合理な労働条件格差は今なお広く温存されています。

多くの有期労働者、定年後有期契約労働者が最高裁判決を注視しています。

かつて、最高裁は、昭和四九年の東芝柳町工場事件判決、そして昭和六一年の日立メディコ事件判決によって、雇止め濫用法理という有期契約労働者の雇用保護を前進させる重要な判決を出されました。本判決において、最高裁が有期契約労働者が抱える不合理な労働条件の是正にとって意義ある判決を下されることを切望するものであります。

（＊二〇一八年四月二〇日弁論、二〇一八年六月一日判決）

5　わが「労弁」の記

1　一九六五年四月の司法修習終了を間近に控え、裁判官への道に少し傾いたこともあったが、弁護士になろうと決した時には、迷うことなく、労働事件を専門的にやる弁護士になりたいと思うようになっていた。

当時、「労弁」という言葉が使われていたが（最近は「死語」になりつつある？）、「労弁」とは必ずしも労働事件を労働側の立場でやる弁護士に限らず、ひろく人権問題にかかわりたいという弁護士を指していたように思う。私は修習時代に多くの先輩「労弁」に接し、「労弁」に憧れ、「労弁」となるべく、四谷にあった「黒田法律事務所」に入所した（現在の「東京法律事務所」）。「労弁」への道を志した背景には、学生時代の社会主義運動や労働運動への関心と共感（六〇年安保時代、私のような学生は少なくなかった）、セツルメント活動、さらには沖縄仲間の米軍支配下における人権抑圧に対する憤り、労働法への関心などがあったと思うが、ともかく「労弁になろう」という強い思いが私をつき動かした。

「労弁」になると喰えない（？）という話もどこからか聞こえていたが、先輩の「労弁」たちは皆生き生きと明るく楽しげに「喰っている」ように見え、あまり心配はしなかった。

2　労働運動は昭和三〇年代後半から高揚期に入っていた。毎年賃上げを目指してたたかわれた春闘、民間中小労組のストライキ、スト禁止下で行われた国労など公労協のストライキなどが国労働運動は働く者の雇用や労働条件、人権の担い手のみならず、反戦平和・社会保障・公害反対などの国民的課題においても先頭に立って取り組んでいた時期であった。そうしたなかで、新人弁護士の最大の仕事はストライキやデモなどで逮捕された労働者との接見、勾留理由開示などの刑事弁護活動であり、法廷に行くより警察に行くことの方が多い時期もあった。また、昭和四〇年代前半頃までは、ストライキといえば職場占拠を伴うことが通例であり、使用者側がこれに対してロックアウトを行い、裁判所に対し、立入禁止処分・業務妨害禁止の仮処分申請をなされることが多く、争議の帰趨を決しかねない仮処分対策など労弁の仕事は、労働運動と深くかかわっていた。争議現場を飛び回ったあの緊張した青春の日々が懐かしく鮮やかに思い出される。

昭和四〇年（一九六五年）代の中小企業の激しい争議と組合つぶしのさまざまな不当労働行為事件、四〇年代から五〇年（一九六五年）代にかけての官公労働者のスト権奪還闘争とそれにからむ刑事・民事の裁判闘争、国鉄のマル生運動が引き起こした全国的不当労働行為事件の数々、昭和六〇年（一九八五年）代に入っての国鉄の分割民営化とそれに伴う採用拒否などの組合差別（これは現在も進行中）、などその時代を反映するさまざまな労働事件に携わってきたが、これは「労弁」冥利に尽きるものというべきであろう。

また、この間労働法制も一九八五年の労働者派遣法の制定を機に大きく転換し始め、以後規制緩和の波が押し寄せてきたが、労働基準法派遣法の度重なる改正などに、所属する日本労働弁護団（一九八九年まで「総評弁護団」）の団員として終始かかわってきたが、これもわが「労弁」活動の大きな分野であった。

3　労働事件を中心に取り組んだ四〇年間の弁護士生活を振り返ってみて、「労弁」は私に似つかわしい仕事であったようである。

司法修習の時の刑事裁判教官渡辺衛氏は、最初の講義で自己紹介をした折、司法官試輔になった際に「ただひとすじに、この道を歩まんと、われ法官を志しけり」との歌を詠んだ、と話されたが、私も、労弁を志したとき、心ひそかに「ただひとすじにこの道を歩まんと、われ労弁を志しけり」と詠んだ。なんとか、初めの志を持続し続けることができたようである。

わが労弁生活も四〇年を経て、「老弁時代」の入り口に差しかかったようである。体力には衰えを感じているものの、智力と気力はまだ健在である、と信じている。

本年四月からは東大ロースクールの実務家教員として労働法を担当しているが、次代を担う法曹を育てる新しい仕事にいささかの緊張も感じている。

これからの弁護士生活においても、この国と社会を支える働く人たちの権利に関わる仕事の一端を担い続けることができれば、と思う。

（東京弁護士会『期成会会報』二〇〇四年一一月）

6　ロースクールで「法曹倫理」の講義を担当して

1　東京大学法科大学院での客員教授として、労使関係法、法曹倫理、法律相談クリニック、労働法演習を担当している。

法曹倫理の担当は教員就任時に言われていなかったのであるが、事情により、二〇〇五年一〇月から始まった冬学期より担当することになった。

講義準備のため、二〇〇五年の夏は、法曹倫理に関する文献を買い込んで読み漁った。弁護士になって四〇年余にして初めて、弁護士法を勉強し、法曹倫理について真剣に考えさせられる羽目になった。

アメリカのロースクールでは、法曹倫理は必修科目であるが、わが国では、これまで法曹倫理は法曹としての実務・実践の中で体験的に習得するものとされてきたし、私自身も、「法曹倫理」を意識して仕事をしてきたつもりはない。

ロースクールは、理論と実務を架橋する任務を担っており、法曹倫理は、リーガルリサーチ・アンド・ライティング（法情報調査・法文書作成）、リーガルクリニックとならぶ重要な科目とされ、二単位の必修科目である。

2　東大ロースクールでは、四類（一組四五人）に分けて法曹倫理の講義を行っている。担当教員四人は、いずれも弁護士の客員教授で（一人は裁判官出身）、一回一〇〇分で一四コマの講義を行っている。

法曹倫理といっても、中心は弁護士倫理であり、一四コマ中一三コマを弁護士倫理にあて、残りの一コマを裁判官倫理と検察官倫理を扱っている。

講義は、具体的事例を毎回三問程度を課題として事前に与え、学生に回答させ、討論を行う、というプロブレムメソッド方式によって行っている。

ロースクールでの教育のためのテキストが何種類か発行されている。東大の場合は、小島武司ほか編『法曹倫理』（有斐閣）をテキストとして指定し、塚原英治ほか編『プロブレムブック法曹の倫理と責任［上・下］』（現代人文社）と『自由と正義』56巻臨時増刊号（解説『弁護士職務基本規定』）を参考書としている。

小島ほかの著書は、執筆陣が学者と裁判官であり、理論的ではあるが、弁護士の実践的感覚や在野精神からすれば、疑問を呈したい記述があり、弁護士中心の執筆陣による塚原ほかの著書の方が、私としては同調できる点が多い（この本は、アメリカ法曹協会（ＡＲＡ）の責任規範の紹介など、多数の関連文献を紹介・引用しており、読物としても大変面白い好著である）。

3　学生には、法曹倫理をめぐる問題は、究極的には、知識や理論の問題はなく、弁護士としての法実践の問題であり、唯一の「正解」があるわけではないことを力説している。

法曹倫理は、必修とはいえ司法試験とは直接関係のない科目である。どうやって学生に興味を持たせるか、に心を配る必要がある。そこで、これまでの弁護士キャリアの中で、実際に遭遇した自らの体験（「失敗は多く、成功は少し」）をなるべく話すように心がけている。

法曹倫理教育の目的は、「法曹としての責任感・倫理観を養う」ことにあるとされるが、司法試験に合格している訳でもない学生に、「責任感・倫理観を養う」といってもあまり現実的ではない。

私は法曹としてのやりがい、生きがい、職業としての楽しさ、厳しさを説き、法曹への強い動機づけをすることこそがロースクールに求められる法曹倫理教育の目的ではないかと思っている。学生は与えられた課題についてよく勉強して講義に臨んでいる。

4　法曹倫理の講義を担当して、改めて弁護士の役割や責任というものを考えさせられることになった。

法曹人口の大幅増のもとで、今後法曹倫理のあり方も変貌する可能性が大きい。

新人弁護士については売り手市場から買い手市場への転換が始まっているようだ。司法試験合格者数が三〇〇〇名以上になった場合、膨大な数の弁護士が出現することになり、弁護士間の競争も激化する。ビジネスロイヤー化の傾向は近年とみに強まっているように思える。弁護士資格を得て、法律事務所で弁護士業務を行う弁護士という伝統的弁護士像は崩れ、企業や官庁、NPOなどで働く弁護士も増えるだろう。

「弁護士資格は、特定の職域やそれによる生計の道を保障せず、単なる資格に過ぎなくなる」との指摘（村上政博『法律家のためのキャリア論』（PHP新書）が現実化する日は、そう遠くないような気もする。

弁護士をめぐるこのような状況変化のもとで、弁護士法第一条にいう「基本的人権の擁護と社会正義を実現する」というプロフェッショナル論を柱に形成されてきたこれまでの弁護士倫理は、果たしてこれからも維持できるであろうか。

ロースクール教員として、法曹倫理の講義を担当しながら、自問自答している。

（『いしずえ　第46号』二〇〇六年二月）

7　強気と弱気——依頼人と弁護士

人間には強気の人と弱気の人がいるものである。

大胆派と慎重派といいかえたほうがいいかもしれない。

弁護士も同様で、強気派と弱気派の二つのタイプに分けられる。

依頼人にも勝利を信じて疑わない強気派と慎重な弱気型のタイプがあるから、弁護士と依頼者の関係は、強気型×強気型、強気型×弱気型、弱気型×強気型、弱気型×弱気型の四通りの組合せが生ずることになる。

どの組合せがもっとも望ましいか——これはなかなかむつかしい。

強気・弱気は性格の問題だが、事件によって強気でいける場合、弱気にならざるをえない場合もある。さらに、事件を処理していく過程で、強気と弱気が交錯し、強気でのぞんだ筈が弱気になったり、弱気で始めた訴訟に強気が頭をもたげてくることもないではない。

強気型の弁護士がいいか、弱気型がいいのか、その判断はむつかしいが、一般的にいえば強気型の弁護士を依頼人は好むようである。しかしながら、強気が常にベターとは限らず、弱気の慎重な意見に耳を傾けることが大切な場合も少なくない。

依頼人の性格を強気型か弱気型かを分析し、事件の内容と進展状況をみながら、強気型と弱気型を使いわけるのが有能な弁護士ということになるであろうが、容易にできることではない。

さて、わが事務所の弁護士でも強気型と弱気型の二つに分けることができそうである。私なりの分類はできているが、御本人の自己分析と合致しているかどうかは不明である。

私自身は、問われれば○○型に属すると思っている。

一人の弁護士で強気と弱気を使いわけるのが困難であるとすれば、ほどよく強気型と弱気型が調和している当事務所は目下大変望ましい状態にあるといったら、強気の発言ということになるのだろう。

依頼人を前にして、「強気たるべきか、弱気たるべきか、それが問題である」というのがハムレットならぬ弁護士の共通の悩みのようである。

弁護士と依頼人の関係は信頼を基本になりたっている。

信頼関係が崩れると、強気型であろうが、弱気型であろうが、仕事をうまく処理することがむつかしくなってくる。

依頼された事件についてどのような解決をはかるのがもっとも依頼人にとって利益なのか、この点について依頼人と弁護士の意見を一致させなければならないが、信頼関係がなければ率直な意見交換をすることもできないであろう。

弱気の依頼人に対しては、自らの権利について確信をもって頑張るよう激励する一方、強気の依頼人には時として妥協の必要性を説くのも弁護士の重要な役割であると思うのだが、信頼関係の絆で結ばれていてこそ、このことは可能となる。

依頼人の信頼を獲得すること——プロフェッショナルとして当然のことではないか、というということになるが、決して容易なことではない。

（東京共同法律事務所ニュース　第4号　一九八四年一月）

8 「権利の認知度」と「権利教育」

一九九〇年代後半以降、正社員・正職員などの正規労働者は大幅に減少する一方、パートタイム・有期雇用・派遣などの非正規労働者は、増え続け。今や一七〇〇万人、わが国雇用労働者の三分の一を占める。女性の過半数、若年層の半数近くが非正規労働者である。非正規労働者の多くは、ワーキングプア（働く貧困層）と言われるように、自立した生活ができない低賃金の労働者でもある。

一方、正社員には、長時間・過重労働が蔓延し、「名ばかり店長」が話題となったように、長時間労働とサービス残業が蔓延している。過労死・過労死自殺も増えており、いま多くの職場には、うつ病などの精神の病を抱える労働者がいる。成果主義の労務管理もあって、職場の連帯感が失われ、パワハラ・いじめ・セクハラも後を絶たない。裁判所に係争する個別労働紛争が年々増加する傾向にあるが、その背景には、侵害される労働者の権利状況がある。

働く者の「受難」ともいえるこのような状況は、労働の問題に携わってきた私の四〇数年の弁護士生活の中で、かつて経験したことのない事態でもある。

権利救済を求める個々の裁判事件に取り組みつつも、問題の大きさと深刻さの前に自らの非力さを嘆いているわけだが、なんとか少しでも状況を改善するために尽力したいという思いは募る。状況を改善するための方法と道すじは色々ある。

もっとも期待したいのは、労働組合の役割であるが、その労働組合の組織率は年々減少し、今や一八・一％である。五人のうち四人以上が労働組合に入っていないし、中小企業においては、ノンユニオンの企業が圧倒的多数を占める。当分、組織率が上昇に転ずることは期待できそうにない。

労働派遣法の改正や有期労働契約法の制定など労働者保護のための法規制を強化し、法的側面からアプローチを図る方法もある。たしかに、不安定・低賃金の非正規労働者増加の背景には、市場主義を拠り所とする労働法制の規制緩和があった。

二〇一〇年版『労働白書』は、企業のコスト抑制志向のため、非正規労働者が増え、年収二〇〇万円台以下の低所得者層が拡大したと指摘したうえで、労働者派遣法の規制緩和がこのような傾向を後押ししたと分析、規制緩和の負の側面を認めている。

労働者派遣法が制定されたのは一九八五年。私は当時参議院の社会労働委員会で、派遣労働の本質と派遣法の問題点を参考人として指摘したことがあったが、製造業の日雇派遣までが合法化されるような派遣法の変質は、当時想像だにしなかったことである。

現在の状況を変えるためにもっとも必要なのは、やはり労働者自身が自ら立ち上がることである。弁護士にできるのは、実践的法律専門家として、それをサポートすることに尽きる。

とはいえ、労働者の労働法についての知識や権利の認知度は、今驚くほどに、低い。権利を知らなければ、権利の侵害を意識することもないし、権利を行使する状況も生まれない。

NHKが一九七三年から五年ごとに実施している『日本人の意識調査』が団結権について聞いているが、団結権が憲法で定められている国民の権利であることを理解している者は、二〇〇八年調査で二一・八%、五人に一人程度に過ぎない。一九七三年の調査では三九・四%であったのに。労働組合の組織率の低下は、団結権の認知度と密接に連動しているといえる。連合総研による民間企業の労働者を対象としたアンケート調査（二〇〇八年）でも労働者の権利の認知度の低さが明らかになっている。それによると、権利として理解している割合は、例えば「労働組合をつくること」五五・七%、「子供が一歳になるまで育児休業を取得できること」四五・五%、「残業した場合に賃金の割増を請求できること」五〇・一%、「国で定めらた最低賃金以上の賃金をもらえること」六四・三%、「年間最低一〇日以上の有給休暇を請求できること」四六・八%である。項目によってバラツキはあるが、身近なはずの有給休暇の権利の認知度も驚くほど低い。

これらの調査は、労働相談などを通じて感ずる私の実感とも符合する。労働者の権利の認知度がこのような状況であれば、使用者の権利侵害がはびこるのも当然といえる。社会のあらゆる分野で、法違反はあるが、コンプライアンスという点では、労働基準法の不遵守は、群を抜いているのではないか。

権利の認知度・理解度を高め、どのようにして権利を主張・行使するか。権利主張の知的基盤をつくる権利教育が必要不可欠だ。

高校生などに対して、権利教育を目ざしているNPO法人の先進的取り組みもある（道幸徹也「ワークルールを生かす――NPO『職場の権利教育ネットワーク』の立ち上げ」、『労働法旬報』1631号〔二〇〇八年一〇月〕）。

私は、最近、新人組合員研修会とか新役員研修会などで、労働法の基本的知識や労働法のしくみなどについて講演する機会が増えている。働く者としての権利を知ることの重要性、ひとりひとりの労働者自身が自立し、職場で問題に直面した時に、どう権利を主張するか、問題解決の方法にはどのようなものがあるか、などについて、できるだけ分り易く話すように心がけている。「労働者は自ら助くるものを助く」である、と自立の必要性を訴える。と同時に、仲間と連帯することと、助け合うことの大切さを説いている。「自立と連帯」こそが権利実現のキーワードである。これは労働事件に四〇年余携わってきた私の持論である。

「法教育」が、「法律専門家ではない一般の人々が、法や司法制度、これらの基礎になっている価値を理解し、法的なものの考え方を身に付けるための教育」（法教育研究会報告書「わが国における法教育の普及・発展を目指して―新たな時代の自由かつ公正な社会の担い手をはぐくむために」〔平成一六年一一月四日〕）であるとすれば、いま法教育がもっとも求められているのは働く人である。労使関係のもつ力の非対等という労使関係の構造的関係のもとでは、法はたえず強者の論理で侵され、不遵守のおそれが強い。
二〇〇九年二月、厚生労働省の「今後の労働関係制度をめぐる教育のあり方に関する研究会」は、実態調査を踏まえ、学校や企業、地域社会における労働をめぐる権利・義務に関する教育の必要性を提言する『報告書』を出している。役所に権利教育の必要性を説かれるのはまことに嘆かわしい次第というほかはないが、これまでの経験を生かし、働く者の権利の確立と向上を目ざして、権利教育に力を注ぎたいと思っている。

（司法修習一七期『いしずえ　第50号』二〇一一年三月）

9 「賃金と貧困」について考える

石川啄木が「はたらけど　はたらけど猶《なお》わが生活《くらし》楽にならざり　ぢっと手を見る」と詠んだのは一九一〇（明治四三）年である。

働いても働いても貧困から抜け出すことができないワーキング・プアといわれる労働者（年収二〇〇万円未満の労働者）が一〇〇〇万人を超えるといわれる状況をみると、啄木の歌は現在の労働を詠んでいるような気がしてくる。

プロレタリア文学の代表作といわれる小林多喜二の『蟹工船』（一九二九年）が八〇年の時を経て、ベストセラーとなって若者に読まれているというのは驚くべき社会現象だ。『蟹工船』は、高校生の頃詠んだ日本文学全集の一巻に徳永直の『太陽のない街』などと一緒に収められていた記憶があり、その内容はうろ覚えであったが、改めて新潮文庫を買い求め、読み直してみた。

「おい、地獄さ行《え》ぐんだで――」で始まるリアルに描かれている出稼労働者の過酷な労働が、日雇派遣労働にみられる今の労働のあり方に通底するものとして、若者の共感を呼んでいるのだろうか。

「プレカリアート」という新しい言葉が語られている。イタリア語の「プレカリオ」（不安定）と「プロレタリアート」（労働者階級）を掛け合わせた造語で、新自由主義下の非正規雇用労働者やアルバイト、失業者を指す。

「新たな貧困」の問題が死語かと思われた「プロレタリアート」を蘇らせた。

ＩＬＯ（国際労働機関）がフィラデルフィア宣言（一九四四年）において「労働は商品ではない」という原則を掲げて以来六〇余年が経過したが、最近改めてこの原則が注目されている。

それは、正規従業員と非正規との間の著しい労働条件格差、ワーキング・プアといわれる労働者層の存在、正社員に拡がる長時間労働と過労死・過労自殺、違法派遣や偽装請負の横行などの背後に、「労働」があたかも「商品」、しかも「使い捨ての商品」であるかのように、扱われている労働の世界の現実があるからである。

「労働は商品ではない」は、ベルサイユ条約にある「労働は単に商品または取引の目的物とみなされてはならない」という原則を再確認したものといわれる。

「労働は商品ではない」には二つの命題が含まれており、ひとつは、「労働力は商品である」が「労働者は商品ではない」ということであり、もうひとつは、「労働力は商品である」が、「特殊な商品である」ということである。

労働は、生身の人間が担うものであり、労働者の肉体、精神、人格と切り離すことはできないが故に、「労働は商品ではない」ということに帰結する。

労働までを全面的に市場原理に委ねることはできない。

格差と貧困、そして非人間的労働は、グローバル化のもとで、世界に広がっている。

最近ＩＬＯが新たな労働の原則として「ディーセント・ワーク」（人間らしい労働）を掲げているのは、「労働は商品ではない」という消極的定義だけでは不十分であるという危機意識の表明にほかならない。


いま私がやっている労働事件には、長時間・過密労働によってうつ病となって自殺した事件、うつ病に罹患し、病気休職となり、復職可能との主治医の診断にもとづいて復職を求めたが、拒否された事件、派遣先でパワハラを受けた派遣労働者の事件、雇用責任を回避するために「請負」「委託」などの形式で就労している労働者の団結権に関する事件、「名ばかり」管理職の時間外労働手当事件など現代の雇用社会の特徴を示す事件が少なくない。

弁護士になって以来、主として労働事件に携わってきたが、これほど多様な労働事件はかつてなかったことであり、雇用社会の歪みを痛感する。

二〇〇八年一〇月富山で開かれる日弁連の人権シンポの第三分科会のテーマは「労働と貧困拡大するワーキングプアー――人間らしく働き生活する権利を目指して――」である。

労働や貧困の問題は、憲法第一三条の「幸福追求権」、第一四条の「法の下の平等」、第二五条の「生存権」、第二七条の「勤労権」などにかかわることであり、考えてみれば、すぐれて基本的人権の問題であるといえる。しかし、高度経済成長を経験し、一億総中流といわれたわが国において、労働や貧困をめぐる問題が人権の問題として意識されることはなかった。

労働の世界に拡がった格差と貧困の背景のひとつに、労働法規制の緩和がある。

一九八五年に労働者派遣法が制定されて以来、労働法制は、労働基準法の相次ぐ改正、派遣法の原則禁止から原則容認への転回など規制緩和の一途を辿ってきた。

一九八五年に労働者派遣法が制定される際、私は参議院の社会労働委員会で参考人として意見を述べる機会があった。専門職に限ってのみ派遣労働を認めるという派遣法だが、近い将来必ずやその制限を取り払われ、すべての業務に派遣を認めることになるであろう、と反対を唱えたが、私の危惧は、一〇年余で現実のものとなった。しかし、不明を恥じるほかないが、当時、いま問題となっている日雇派遣のような派遣形態が横行しようとは思いもしなかった。

しかし、ここにきて、「格差と貧困」の背景にある雇用のあり方に焦点があたり、日雇派遣の禁止など、行き過ぎた規制緩和の見直しが行われようとしている。

二〇〇八年六月八日に発生した東京・秋葉原の一七人殺傷事件。凶行に走った背景のひとつに派遣労働の劣悪な環境があったという指摘があるが、的をはずれているとは思わない。

「真面目に働いていさえいれば、食べていける状態」ではなくなったわが国の雇用のありようは、年金、医療、教育、晩婚、非婚、少子化、犯罪など社会のあり方に大きく影響する問題であり、「自己責任論」で片づけられてはならない。

「格差と貧困」は決して自然な経済現象ではなく、政策・制度の問題として捉える必要がある。

（司法修習一七期『いしずえ　第48号』二〇〇八年一二月）

10　上野裁判の思い出

（1）提訴とその効果

上野裁判は、わが五十数年の労働弁護士生活の中でも、忘れることができない労働裁判のひとつである。今でいえば、典型的なパワハラ事件であるが、パワハラという言葉は当時まだ一般的には使われていなかった。

上野君との出会いは、一九八一年八月であった。

東芝府中工場の仲間である松野さん、川名さん、正井さんの三名が上野君を連れて新宿にある私どもの東京共同法律事務所を訪ねてきた。上司（製造長）の度重なる反省書、始末書の提出強要のために、「心因反応」に陥り、一五日間の欠勤を余儀なくされ、八月に職場復帰した直後のことである。

上司による「指導」の名の下に行われた反省書等の提出強要、叱責、監視、そして、同僚らの職場八分など生々しいいじめの実態を聴き、直ちに、代理人弁護士名の内容証明郵便でいじめに対する抗議と直ちに中止するよう東芝本社社長宛に申し入れた。

しかし、会社は、「会社に責任はない、上野の方に問題がある」との回答をよこし、加療のため欠勤したことについて賃金カットしてきた。

会社といじめた上司の法的責任を追及しようということになり、一九八二年一月二一日、慰謝料とカットされた賃金の支払を求めて、東京地方裁判所八王子支部に提訴した（宮里と小野幸治弁護士が代理人）。

裁判提訴の効果は大きかった。上野君に対するいじめ・いやがらせは提訴を機に止まった。上野君と会った時、このままいじめが続くとこの青年は自殺するのではないかという不安が頭をよぎったが、裁判提訴によりいじめが止まり、仲間の励ましに支えられての裁判提訴は、上野君が心身ともに立ち直る大きな契機となった。上野君は、裁判の経過のなかで、次第に元気を取り戻し、会社に厳しく対峙する原告らしい原告（?）になっていった。

私は、裁判の結果がどうなろうと、これで提訴した意義はあると思ったものである。裁判には時にこのような自己回復、自己再生の機能がある。

（2）広まる支援の輪

上野裁判は、裁判の内外で多くの人に支えられた。裁判では職場の同僚として、松野、川名、正井の三名が証言してくれたし、裁判の外では、「東芝府中工場から職場八分をなくし上野君を守る会」が結成され、甲南大学教授熊沢誠先生をはじめ、多くの研究者、労働評論家、組合活動家が、人権闘争としての上野裁判の意義に共鳴し、上野支援の輪が拡がった。「企業社会の中で働く者の人権、民主主義」という観点から上野君へのいじめ問題を論じた熊沢先生の著書・論文(『民主主義は工場の門前で立ちすくむ』など)は、上野裁判のもつ意義を広く社会にしらしめ、裁判勝利に向けての心強い後押しとなった。

毎回の裁判期日に、守る会から多くの支援傍聴者が参加したが、驚いたのは、会社側が、三〇～五〇人の管理職、労働組合役員に「傍聴」させたことであった。上野君への監視と裁判へ圧力を意図したものと思われるが、法廷の異様な雰囲気は、会社の意図に反し、かえって裁判所に対し、府中工場での異常な労務管理を想起させるものとなったのではないだろうか。

(3) 判決の大きな意義

一九九九年二月一日、東芝と上司に対して、慰謝料一五万円とカットした賃金五万五四〇〇円を支払えとの判決が言渡された。

判決は、上野君の主張を一部認めたにとどまり、慰謝料額も低いものであったが、判決が「上司の指導監督」の名の下に行われた始末書の要求等を違法として、東芝および上司個人に賠償責任を命じたことは、行き過ぎた職場管理の様子をクローズアップさせ、大きな意義を持つものであった。会社は、東京高裁に控訴したが、一九九二年七月一〇日、裁判所の取り下げ勧告を受けて、会社は九月二二日控訴を取り下げ、一審判決が確定した。取り下げ勧告書において、裁判所は、「使用者は企業秩序維持のため労働者に対する指導監督権限を有するが、この指導監督権限の行使にあたっては、労働者の人格・人権を尊重した合理的なものでなければならない」と述べている。

上野裁判においては、いじめの実態をどう立証するかという課題があったが、上野君はいじめの内容をそのつどリアルに「職場日記」として記録していた。

「過労死の　認定得るため　日記つけ」

というサラリーマン川柳がある。上野君は、裁判で証拠に使うため職場日記をつけていたわけではないが、上野君が日々綴っていた職場日記『労働現場から』は、期せずして、いじめを否定した上司の証言の虚偽性を明らかにする有力な証拠となった。

(4)　パワハラ訴訟の先駆け

いま、セクハラ、パワハラ、アカハラ、マタハラ、など多くのハラスメントが横行し、社会問題化している。

ハラスメントは、働く者の人格と人権を否定し、労働の尊厳を侵すものである。

上野裁判以後、多くのパワハラ訴訟が提起されているが、上野裁判は、パワハラとたたかう裁判の先駆的な役割を果たした。

上野君が労働者として東芝府中工場で働き続け、二〇一六年九月三〇日に定年退職を迎えたことは感無量である。

そして、上野君がいじめの被害体験や裁判闘争の経験を活かし、「ユニオンくつろ木・北多摩支部」を結成、働く人の権利を守るため、さまざまなたたかいに取り組んでいることは、裁判の代理人を務めた弁護士としてまことに嬉しい限りである。

（「東芝府中工場から職場八分をなくし上野仁さんを守る会」記録集『東芝府中人権裁判の足跡』二〇一八年二月）

第Ⅲ部　折々の記

1　「自分史」を書く？

歴史家の色川大吉が、「誰でも自分史という歴史を書くことができる」という趣旨のことを書いている（『ある昭和史――自分史の試み』中公文庫）。

最近、「自分史」を書く人が増えているようで、『自分史を書くための戦後史年表』（朝日新聞社刊）という本も出版されている。

歳のせいもあるのだろう。私も最近「自分史」を書いてみたいと思うようになり、思い出すことなどを少しずつノートに書きとめている。

別にどこかに発表しようと考えているわけではない。これまでの自分の歩みを振り返り、折々のことを記憶として刻印しておきたいだけである。

観る機会を逸したが、二〇〇五年『ALWAYS 三丁目の夕日』という昭和三三（一九五八）年の東京下町の生活を再現した映画がヒットしたらしい。考えてみれば、昭和三三年は今や記憶の対象となる時代となったということであろう。

思い起こせば、昭和三三年は我が人生にとっても画期となった年であった。沖縄宮古島の高校を卒業し、米軍支配下の沖縄から琉球列島米国民政府長官発行の「パスポート」を携え、「日本国への留学を許可」され、『東京ラプソディ』『夢淡き東京』『東京の屋根の下』などの東京ソングを口ずさんで憧れていた東京に来た年が昭和三三年であった（小学生時代、私の家は、このようなレコードを販売していた楽器店を営んでおり、店番をしていた私はお客のためにレコードを試聴し、このような歌を自然に覚えた）。

作家五木寛之が『わが人生の歌がたり――昭和の哀歌』（角川書店）で、福岡県八女の高校時代にこのような歌に掻きたてられた東京への憧れを語っているが、我が思いも同じであった。

忙しく働き続け、時代と伴走していた者にとっては、自分がその中で生きてきた同時代を「歴史」として捉える感覚がない。

しかし、平成も二〇年近く経ってみれば、そしてこの間の激しい時代の移ろいからすれば、昭和三〇年代も、セピア色の写真を懐かしく観るような昭和の一ページとなったのだ。

とくに書きとめておきたいと思うのは、昭和二一（一九四六）年大阪の堺から宮古島に辿り着くまでの我が一家の「引揚」体験（当時私は小学校一年生で六カ月近くを要した家族五人の大移動であった。）、宮古島で過ごした楽しい子供時代の生活の数々の思い出、さらに四〇代の若さで逝った父や母のことなどである。

法事などで時たま宮古島に帰ることがあるが、激しい島の変貌を見るにつけ、書いておきたいという思いが募る。

鮮やかな記憶も残っているが、うすれつつある記憶も少なくない。

「自分史」というのはいささか大げさだが、宮古島時代から上京する頃までの折々のことを書き綴ってみたい。

（司法修習一七期『いしずえ』第47号、二〇〇七年九月）

2　わがふるさとを語る——沖縄・宮古島

沖縄・宮古島が私のふるさとである。

最近リゾート施設ができたりして、観光地として売出し中であるが、これまでは宮古島というと、台風情報に出てくる島として有名（？）だったのではないだろうか。

飛行機が飛ぶようになってから、那覇から三〇分と大変便利になったが、私が上京した一九五八（昭和三三）年には船で那覇まで一八時間も揺られたものであった。

島の産業の中心はサトウキビ栽培で、サトウキビの出来不出来が島の経済を左右している。

かつて六万を超える人口があったが、現在はおそらく五万を割っているだろう。

何んの変哲もない島だが、さんご礁の美しく青い海だけは大いに自慢してよいだろう。

小学生、中学生の頃、私は夏になると毎日のように泳ぎに行った。

わが家から歩いて約一〇分でもう海の中である。

泳ぐのはたいてい暑い陽盛りをさけて夕方であった。

地平線に沈んでいく夕陽をみながら凪いだ海でゆっくりと泳ぐ。時には海面に闇がおりるまで泳ぐのだが、その頃になると夜光虫がキラキラと光り出す。今でも忘れることのできない楽しいひと時であった。

高校生になってからはあまり泳がなくなったが、それでも夕闇迫る海辺の雰囲気が大好きで、英単語カードをくりながらよく散歩したものであった。

私にとってふるさと宮古島は海の思い出と深く結びついている。


（『東京共同法律事務所ニュース』第8号、一九八六年一月）

3 ふるさとの味――「ラフテー」は豚肉料理の王様

わがふるさと沖縄の味といえばわたしは迷うことなくラフテーをあげる。

ラフテーとは豚肉の沖縄風角煮である。

沖縄の食生活は「豚に始まって豚に終わる」といわれるほど、豚肉料理が発達している。

豚一頭を頭から足の先、血や内臓に至るまで余すところなく使いこなすのが沖縄の豚肉料理である。

豚足をとろけるように煮込んだ「足てぃぴち」、豚の耳皮を和え物にしてクラゲのような歯ざわりを楽しむ「耳皮さしみ」、胃や腸をきれいに処理してつくる「中身の吸物」、血でつくる「血イリチー」などいろいろな料理があるが、その代表がラフテーである。

箸でちぎれるやわらかさ、まろやかでとろけるような舌ざわり——私はひそかに世界で一番美味の豚肉料理ではないかと思っている。

三枚肉を泡盛を入れてトロ火で時間をかけて煮込むのだが、煮込む前に丹念にアクをとりながら茹でるので、油っこさをあまり感じさせない。

元来は暑い沖縄の保存食であったという。

子供の頃からラフテーは私にとって最高の御馳走であった。学校から帰ると台所からもれてくるラフテーの匂い——あの時の嬉しさ、幸福感。なんと夕飯の待ち遠しかったことか。

夕食の時間も忘れて遊ぶ子が、この日ばかりは食卓が気になって家路を急いだものだ。

調理に時間がかかるため、わが家でつくるのは正月ぐらいであるが、口の中にひろがるラフテーの味は、まさにわがふるさとを感じさせてくれる味である。

（『東京共同法律事務所ニュース』第22号、一九九三年一月）

4　正月——子供の頃の思い出

正月がもっとも嬉しいとき、それは誰しも子供の頃であろう。

沖縄・宮古島の正月を語るとなると、子供のころの楽しかった正月の話になってしまう。

私が小学生の頃、沖縄では新暦と旧暦の二回の正月を祝った。

二月初め頃にあたる旧正月の方が賑やかであったし、気候的にも正月らしい気分であった。

竹を割り、小刀で削り、竹ヒゴを作って「カープヤー」をいくつも作った。「カープヤー」というのは沖縄独特の凧で、竹ヒゴを二本十字型に組み合わせただけの実に素朴なものである。

しかし、作り方にはうまいへたがあるもので、竹ヒゴの太さ加減や組み合わせ具合でいざあげてみるとずいぶんあがり方にちがいがでる。

父はこの「カープヤー」のつくりがうまく、どうして父がつくるとよくあがるのだろうといつも思ったものである。

メカに対する私の無器用さはこの頃から証明済であったようである。それでも、大きいもの、小さいものと何枚も「カープヤー」をつくっては屋根のうえに登ってあげたものである。

コマも自分でよくつくった。コマづくりは凧よりもむつかしい。

ノコギリでがじゅまるの枝を切り、小刀で型をとっていく。表面はガラスの破片でていねいに仕上げる。

最後に釘でつくった芯を入れるのだが、これがむつかしくよく失敗したことを覚えている。コマは糸を巻きつけると、地面に上から叩きつけるようにして投げてまわす。直径三十センチぐらいの円を描いて、その中に投げいれてコマをまわし、コマをぶっつけ合わせてケンカをさせる。円から押し出されたコマが負けである。

凧と同様、やはり無器用な私のコマはよく負け、くやしい思いをしたものである。

沖縄では、鏡餅を飾ったり、おせち料理や雑煮をつくる風習はもともとなかったようで（最近ではそんなこともないが）、正月におせち料理らしきものを食べた記憶はない。

それでも、いつもよりは御馳走があり、とくに私は「サーターアンダギー」（沖縄風ドーナツ）が大好物で、日もちのするこのドーナツはたくさんあげられ、一月ぐらい保存されていた。とにかく、私はこれを食べると御機嫌であった。

わが家は玩具や文房具などを売っていた商店であったから、正月はお年玉をもらった子供が玩具を買いに来るというので、店をあけている場合が多かった。正月は店のかきいれどきなのである。

よく親に店番を命じられたが、正月の店番は遊びたい盛りの子供にはほんとうにつらい。店の商売を恨めしいと思ったことは一再にとどまらない。親の目を盗んで店番を放棄して遊びにぬけ出し、大目玉をくらった「ボーチラー」(宮古島の方言―腕白小僧)時代のことをいまでもはっきり覚えている。

(『東京共同法律事務所ニュース』第16号、一九九〇年一月)

5 私の幼年時代――シュークリームの甘い思い出

一九三九(昭和一四)年、大阪の天王寺で生まれ、幼少期を大阪で過ごした。

幼少期の思い出ということになると、大阪で過ごしたときのことになるが、人は、どこまで幼少の頃の記憶を辿ることができるのだろうか。

作家三島由紀夫は、自分が生まれてきたときの光景を憶えているという、青年の架空の自叙伝『仮面の告白』を書いたが、私がさかのぼることができるのはせいぜい四、五歳ぐらいのことまでである。

その記憶も、一瞬を撮ったフラッシュ写真の一コマのようで、その前後が判然としないものが多い。

しかし、子供の頃から食いしん坊であったのか、食べ物の記憶は何故か鮮明である。

もっとも鮮やかなそれは、シュークリームについてのものである。それも、かの有名な不二家のシュークリームである。

四歳か五歳の頃であろう。というと、戦争末期の一九四三（昭和一八）年か四四（昭和一九）年の頃か。父と母に連れられて大阪心斎橋の不二家でシュークリームを食べたことがあった。甘いものが食べられなくなっていた当時のせいもあったであろう。シュークリームを食べたあの時のクリームの甘さが、いまも舌に残っているような感触がある。当時父と母もいっしょに食べたあの若かった父と母の姿とシュークリームが分かつことなく結合したその時の光景がよみがえる。

当時、我が家の経済状態がどんなものであったかよく判らない。多分高価であったと思われるシュークリームを子供に食べさせるぐらいだったから、比較的豊かであったのであろう。

シュークリームは、私にとってノスタルジーという感情を呼び覚ますお菓子であり、幼少期の甘い記憶と結びつく味である。

（『東京共同法律事務所ニュース』第53号、二〇〇八年一月）

6　蝉しぐれ

夏を奏でる音といえば、蝉の声であろう。毎日、蝉の声を聞いてすごしたひと夏がある。その夏、朝から晩まで、東大本郷の図書館に籠もり、司法試験の勉強に取り組んでいた。

図書館近くに三四郎池という池があり、時々、息抜きに、図書館を脱け出し、池の周りを散策する。池を取り巻くように大きな木が繁り、にいにいゼミの合唱である。しばし、池のほとりに佇んで蝉しぐれを浴びていると気持ちが和み、また勉強する気になり、図書館に戻る。そんな日々を繰り返した夏であった。

私が愛読してやまない作家藤沢周平の青春小説ともいうべき印象的な作品に『蝉しぐれ』がある。小説の重要なシーンに蝉しぐれ（これもにいにいゼミであろう）が効果的に使われ、ロマンの興趣を盛り上げる。

三四郎池の蝉しぐれは、勉学に勤しんだ頃のわが青春の音の風景である。

沖縄宮古島で過ごした子供の頃、よく近くの農業試験場の雑木林に蝉採りに出かけたが、これは、熊蝉（クマゼミ）である。

体長五センチもある大きなセミで、『広辞苑』には、クマゼミは「しゃー、しゃーと鳴く」とあるが、宮古島の方言で、クマゼミのことを、「ナビガース」といい、私には、「ガース、ガース」と鳴いているように聞こえる。その声は大きく、「蝉しぐれ」といったロマンチックなものではないが、汗をたらしながら、クマゼミを追いかけた。

宮古島にはユニークな蝉採りの方法があった。馬の尻尾の毛でワナをつくり、それを竿先に結わえ、クマゼミの頭に引っかける。

馬の毛は釣り糸のように強く、蝉が暴れても切れない。引っかけると、ちょうど魚を釣ったような感覚になる。

盛夏に蝉の鳴き声を聞くと、子供の頃、そして学生の頃の、夏の記憶がやってくる。

（『東京共同法律事務所ニュース』第54号、二〇〇八年八月）

7　わが趣味——クラシック音楽

クラシック音楽との本格的な出会いは大学に入った一九五八（昭和三三）年、渋谷のうす暗い音楽喫茶においてであった。

コーヒー一杯で三時間も四時間も粘ったことがなつかしく思い出される。

大学二年の時、バイトの収入で初めてＬＰ（メンデルスゾーンの『バイオリン協奏曲』）を買った時の興奮は今でも忘れ難く、第一章出だしの有名な旋律をくり返しくり返し聴いたものである。

以来クラシック音楽の愛好者となったが、曲の好みは年とともに変わってくるようだ。

若い頃は退屈で仕方がなかったバロック音楽が今ではよく耳になじむ感じがするのは不思議であり、これは「熟年」の証明であろうか。

いつ聴いても素直に入っていけるのはモーツアルトであり、モーツアルトなら何んでもという感じでついモーツアルトのテープをまわす機会が多くなる。

先日評判の映画『アマデウス』を観たが、映画自体は大変面白かったものの、映画の中で描かれるモーツアルトの軽薄で下品な笑い声がまだ耳に残っていて、美しい曲を楽しむ妨げとなっている。

最近よく聴いて、いたく気にいっているのはジョージ・ウインストンという人の『オータム』という曲である。クラシックともジャズともつかないピアノ曲であるが、アコースティックピアノが奏でるドビッシーばりの澄みきった音が素晴らしい。この曲はFM放送を聴いていて偶々耳にしたのであるが、寝る前に聴くと安らかなねむりに誘われそうで実にいい。

音楽はやはり生で聴きたいが、忙しくてなかなか演奏会に出かけることができないのが残念である。三カ月に一回ぐらいコンサートを聴ける優雅な（？）生活に憧れているが、しばらくは実現がむつかしそうである。

（『東京共同法律事務所ニュース』第7号、一九八五年八月）

8 映画と名曲喫茶

駒場時代のわが大いなる楽しみは、映画と名曲喫茶であった。

日本の映画人口は一九五八（昭和三三）年がピークで、国民一人当たり、一年に一一・三回、映画館に入ったそうであるが、当時私は、この平均をはるかに上回って映画を観ていた。観た映画は、渋谷がもっとも多く、下宿から歩いて行ける下北沢の二つの映画館にもよく出かけた。昭和三〇年代どこにも商店街の一角には映画館があった。

観た映画は、洋画中心で、アメリカ映画、フランス映画、イタリア映画、ドイツ映画など各国の映画が盛んに上映されていて、ほんとうにいい映画がたくさんあった。

もっとも、当時封切館（ロードショー、渋谷は「渋谷パンテオン」）は高価で観れず、たしか数ヶ月ぐらい経つと安くしかも二本立興行が行われていたのでそれを待った。

当時映画を観た人は覚えているだろう。館内はいつも満員で立見も珍しいことではなかった。いま考えてみると、よくもまあ、二時間も三時間も立ちづめで映画を観たものであるが、当時はあまり苦にもならなかった。

一九五九（昭和三三）年には、イタリア映画『鉄道員』（ピエトロ・ジェルミ監督）、アメリカ映画『老人と海』（ジョン・スタージェス監督）、一九五九（昭和三四）年にはポーランド映画『灰とダイヤモンド』（アンジェイ・ワイダ監督）、アメリカ映画『十二人の怒れる男』（ヘンリー・フォンダ）などを観ている。いずれも映画史上に残る不朽の名画である。

『鉄道員』のクラウディア・カルディナーレは最も心ときめかせた（?）イタリアの女優である。当時C・C（クラウディア・カルディナーレをそういった）はフランス女優のB・B（ブリジッド・バルドー）と人気を二分する女優で、私は断然C・C派であった。

最近は映画を観ても、監督や俳優の名前をすぐ忘れてしまうが、若い頃観た映画は、感動したシーンとともに、監督や俳優の名前も不思議に忘れ難く記憶にとどまっている。

名曲喫茶にもよく行った。

渋谷には、「田園」と「ランブル」という二つの名曲喫茶（クラシック喫茶）があった（当時は「名曲喫茶」のほかにも、「シャンソン喫茶」「ラテン喫茶」「モダンジャズ喫茶」などもあった）。

私はいまもよくクラシックのＣＤを部屋で流しているが、クラシック音楽の楽しさを教えてくれたのは名曲喫茶であった。

コーヒー一杯（たしか、一五〇円？）で二時間ぐらいねばって、仄暗い照明のもとで目を閉じてステレオ演奏に聞き入る。

喫茶店を出て、音楽で昂ぶった気持ちを鎮めるように、暗くなった渋谷の街を歩いていると、少し豊かな気持ちになったような気がしたものだ。

地下鉄丸の内線の本郷三丁目の駅を出てすぐ右側に「麦」という名曲喫茶があったのを覚えている諸君もいるだろう。本郷に通うようになってからは、時々ここにも寄った。

「麦」は現在も、ほぼ昔のままの雰囲気で残っており、東大ロースクール教員を務めた二〇〇四年四月から二〇〇七年三月までの間、懐かしくなってときどきこの店に入って、本郷での学生時代を懐かしんだ。

映画と名曲喫茶はわが青春駒場の重要な頁を占めるものであった。

（東京大学教養学部文科一類　昭和三三年入学３Ｂクラス『入学五十周年記念文集』）

9　『刑事』（イタリア映画）とラストシーン

『カサブランカ』『第三の男』『シェーン』『ライムライト』『太陽がいっぱい』……いずれもラストシーンが印象に残る映画だ。日本映画では『生きる』『砂の器』などのラストが素晴らしい。『刑事』（イタリア映画）もラストシーンが実に鮮やかだ。

手錠をはめられて車で警察に連行される若い男、はだしで車に追いすがる若い女。二人の恋を引き裂くように走り出し、次第にスピードをあげ女から遠ざかる車、テーマ音楽『アモーレ・ミヨ』のヴォリームが次第に高くなって……。胸をしめつけられるようなラストシーンであった。

観たのは大学生時代の一九五九（昭和三四）年頃。いわゆる名画の部類に入らない映画であろうが、青春時代に感激した大好きな映画のひとつである。

あの名作『鉄道員』で機関士役を演じたピエトロ・ジェルミ監督が二人の恋を見守り、そして心ならずも二人の仲を引き裂く渋い刑事役を演じている。

クラウディア・カルディナーレ（Ｃ・Ｃ）の可愛く情熱的なヒロインが魅力いっぱい。カルディナーレの映画は当時何本かみたが、『刑事』が一番印象に残っている。

カルディナーレは当時フランスのブリジッド・バルドー（Ｂ・Ｂ）と人気を二分したイタリア

女優であったが、B・B派とC・C派の「対立」のなかで、私は絶対C・C支持派であった。イタリアの女優というと、ソフィア・ローレンとかジナ・ロロブリジタとか圧倒されそうな大型が多いが、C・Cはそうではなかった。ドイツのロミー・シュナイダーなどとともに大好きな女優であった。

映画の主題歌も流行った。当時よく口ずさんでいたのであろう。今でもメロディーは覚えている。

（『東京共同法律事務所ニュース』第13号、一九八八年八月）

10 『チャップリンとヒトラー』を読む

『キッド』『黄金狂時代』『街の灯』『モダン・タイムス』『独裁者』『ライムライト』など、チャップリンの映画はどれも好きだ。とくに、『独裁者』と『ライムライト』は大好きだ。

本書『チャップリンとヒトラー』（大野裕之著、岩波書店、二〇一五年）は、ナチス政権の最盛期であった一九四〇年に制作された名作『独裁者』の制作過程を多くの新資料で克明に辿ったものである。著書は、日本チャップリン協会会長、劇作家、映画プロデューサー。

映画を通じて世界に笑いを届けたチャップリン。一方、世界制覇の野望を燃やした独裁者ヒトラー。二人は一八八〇年にわずか四日違いで生まれ、ともにチョビ髭がトレードマークだ。『独裁者』でチャップリンは、ヒトラーを彷彿させる独裁者ヒンケルとヒンケルと瓜二つのユダヤ人の善良な理髪師チャーリーの二役を演じ、ヒトラーを痛烈に皮肉り、独裁政治への風刺と平和へのメッセージを発した。

『独裁者』、一九三九年一月に制作開始され、一九四〇年に完成する。まさに命がけで撮影された映画だ。

本書は、『独裁者』のストーリー構成、そして撮影初期から完成まで、チャップリンとヒトラーを対比させながら、ドラマをみせるようにスリリングに描き出す。

ナチスは、『独裁者』の計画を知るや、チャップリンがユダヤ人だとデマを流し、ヒトラーとのチョビ髭比べの風刺を禁じ、チャップリンを攻撃、『独裁者』の制作や公開を妨害した。

喜劇王チャップリンの笑いとヒトラーの全体主義の対決。ヒトラーは、笑いが自由を制限する独裁政治に対抗する武器になることを恐れた。

『独裁者』を観た人は覚えているだろう。全体主義を批判し、自由を訴えるチャーリーのあの有名なラストの感動的な長い演説シーンを。

このラストシーンをどう撮るか、演説内容をどのようなものにするか、演説内容の最終決定に至るまでの紆余曲折を語る本書の記述は、興趣尽きない。

「輝かしい未来は、君や僕、そして僕たちみなのものだ」と呼びかけるラストシーンの演説は自由の勝利、ナチスの敗北を強く暗示する。

一九四〇年といえば、ヒトラーが西部戦線において破竹の進撃を続けていた時である。一九四〇年六月、パリが陥落したことをチャップリンは知る。このような情勢の下で、困難な状況に抗って反ナチス映画・反ヒトラー映画『独裁者』を制作したチャップリンの権力に対する批判精神、映画人としての信念の強さを本書を読んで改めて感じた。

『独裁者』が日本で公開されたのは私が学生時代の一九六〇年。当時、映画館で観てラストシーンに感動したことを思い出す。


（『東京共同法律事務所ニュース』第70号、二〇一六年八月）

11 忘れ得ぬ酒

父が酒を飲まなかったのでわが家には酒の臭いがなかった。正月でもそうであった。したがって、私は酒については、奥手であるとずっと思っている。

初めて酒を飲んだと実感したのは、高校卒業の日であった。

私の高校（沖縄・宮古島高校）では、その頃卒業式の夜にお別れの宴会がもたれる習わしがあり、私はその席で本格的（？）に泡盛を口にした。

宴席は、高校卒業後本土に進学する者、地元で就職する者などそれぞれの進路を歩む別れの場であった。

東京の大学に進学することになっていた私に、友人たちは、「クニオ、頑張れよ」とか、「クニオ、今度は有楽町で会おう」などといって酒をついでくれた。

一九五八（昭和三三）年、フランク永井の『有楽町で会いましょう』が流行っていた頃である。今でも、この歌をきくと、大人の仲間入りをしたような気分になって酒を酌み交わしたあの夜のことをちょっぴり思い出す。

皆んな感傷的な気分を追い払うかのように、わざと大きな声を出していた。

酒の味は分からなかったが、私にとって初めての酒ともいうべき当夜の酒は、別れと分かちがたく結びついて忘れ得ぬ酒である。

（『東京共同法律事務所ニュース』第24号一九九四年一月）

12　あの頃、これまで、そして これから

あの頃――

宮古高校を卒業して五十年。顧みると、あっという間の五十年であったような気がする。

一九五五（昭和三〇）年の春、緑映える静かなたたずまいの南校舎の門をくぐった時の興奮は今も鮮やかに蘇る。中学時代とはちがう新しい友との出会い、初めて学ぶ教科の新鮮さ、個性ある先生たち……高校生活は気持ちの高ぶりのなかで始まった。

二年、三年と進むと、進学のことが気になりだす。おそらく当時は、受験勉強のことで頭がいっぱいであったと思われるが、思い出す高校生活のシーンはバレーボール大会のことであったり、運動会のことであったり、何故か体を動かし、汗を流した時のことである。夕暮時、英単語帳を携えてよく通ったポー崎から見る伊良部島の島影は、わが青春の忘れ難き風景として脳裡にある。

二人の兄が医学部へ進学しており、周囲からも医者への道を勧められ、少し迷ったこともあったが、高校二年の終わり頃には、政治、経済、法律など社会の仕組みにかかわることを勉強したいという思いが強まり、法学部進学を考えるようになっていた。

宮古高校の三年間は、青春を共有する友人との絆をつくるとともに、自分を模索する旅の道程であった。

これまで――

国費試験に合格し、一九五八（昭和三三）年、「貴君の日本国への留学を許可する」と記された琉球列島米国民政府長官発行のパスポートを携えて状況、東京大学に入学した。

宮古から那覇まで船で約一五時間、那覇から鹿児島まで船で約二四時間、鹿児島から東京まで急行に乗って約二八時間、長い時間をかけ東京駅に辿り着いた。東京駅に降り立った時、これから始まる大学生活への期待と不安で、胸は高鳴っていた。

当時、祖国復帰運動はようやく知られるようになりつつあったが、本土での沖縄認識はうすいものであった。英語がしゃべれると思ったクラスメートもいたし、「宮里さんは、日本語がお上手ね」と下宿のおばさんに言われたのはショックであった。

私は、沖縄のことを知ってもらわなければという使命感みたいなものをいつも抱いていた。クラスやサークルの飲み会では、沖縄民謡を歌い、クラス雑誌に「沖縄における日の丸の意義」と題する一文を載せた。これは、当時本土では右翼の運動の象徴であった日の丸が、沖縄では、星条旗に対抗する祖国復帰運動のシンボルであることを論じたものであった。

二年の夏には、東京沖縄県学生会の数人の仲間と語らって、無謀にも『沖縄評論』という雑誌を創刊（第一号で廃刊となった）、沖縄の歴史研究と祖国復帰運動の理論化（?）を試みたりもした。

大学三年の秋頃、司法試験を受け、法律家になろうと決意した。それからの二年間は明けても暮れても、法律書を読む日々を送ることになるが、勉強漬けだったわけではない。週末にはよく映画を観たし、名曲喫茶に何時間も籠ってクラシックの調べに耳を傾けた。

一九六五（昭和四〇）年、労働事件を労働者側の立場で取り組む弁護士を志し、弁護士となった。弁護士になれば労働事件のほかにやりたい仕事がもう一つあった。それは沖縄の復帰運動や沖縄の米軍基地にかかわる仕事である。

沖縄違憲訴訟、刑特法裁判、公用地違憲訴訟、沖縄県知事代理署名拒否訴訟など沖縄に関係する裁判に携わることができたのは大きな喜びであった。ちなみに、米国の沖縄統治の根拠とされた平和条約第三条の国際法上の違法性を衝き、沖縄県民の祖国復帰要求の法的正統性を訴えた沖縄違憲訴訟（一九六五年提訴）の原告のひとりは、当時琉球新報記者であった同期の平良康夫君である。

また、弁護士業務のかたわら、これまで中央大学法学部で二年、早稲田大学法学部大学院で二年、東京大学法科大学院（ロースクール）で三年、専門の労働法を講ずる機会を与えられたが、教えることは学ぶことを実感した得難い経験であった。

そして、これから――

高度経済成長、ドルショック、バブル崩壊など時代状況の推移とともに生ずるさまざまな労働事件に取り組んで、東京での弁護士生活も今年で四三年となった。いま、この国に「格差と貧困」が拡がっており、その根底に労働のありようが深く関係している。働く者の権利擁護を終生のテーマとしてきた者としては、まだしばらくは現役でありたいと思っている。体力は衰えたが、智力と気力は残っている。

われわれ十期生も古稀を迎える。しかし、人生七十古来稀なりは、人生五十年と言われた時代のことであり、人生七十は近来常なり、だ。

私の大好きな作家藤沢周平の小説『三屋清佐衛門残日録』に、いまは隠居の身となった藩の元用人の主人公がふともらすひと言がある……「日残りて昏るるに未だ遠し」。

まだわれわれの先は長い。詩人曰く、「青春とは、人生におけるある時間をさすのではなく、心の様相をいう」と（S・ウルマン）。

歳を重ねるのは避け難い。だが心の中に青春を息づかせることはできる。詩人の言葉をこれからの人生の励みとしたい。

（南秀同窓会報［宮古高校同窓会報］二〇〇八年一一月）

13　近況三題

「終活」――

仕事もいよいよ「終活」期に入っている。厚い記録を読むのは次第に億劫となってきたし、長い書面を書く気力も弱まっている。

簡にして要を得た書面というと聞こえは良いが、自ずと簡ならざるを得ないに過ぎない。

事件はひとりでやると失敗するおそれがあり、なるべく事務所の若手と組んでやるように心がけているが、若手の書いた書面についあれこれと注文をつける仕儀と相なる。新聞記者は第一線を退くと、整理部にまわり、第一線記者の書いた原稿をチェックするそうであるが、さしずめ、当方も整理部の弁護士みたいなものである。

講演の依頼は多い。昨年は、労働者派遣法、高年齢者雇用安定法、労働契約法など、労働分野にかかわる法改正が多かったため、講演の機会が増え、講演回数は二〇回を超えた。

講演した場所も、北は札幌、南は鹿児島に及んだ。奄美大島での講演を頼まれた時は、日程がきつかったが、かねてから行きたいと思っていた画家田中一村（日本のアンリ・ルソーといわれている）の記念美術館が名瀬市内にあることに思い至り、この機会にと引き受けた。

諸兄諸姉も同様であろうが、どのように仕事を引き受け、引き受けないかは難しい。引き受けた以上、責任があり、手を抜くわけにはいかないのが弁護士業の宿命である。

今のところ、体調が悪いわけではない。「終活」期の弁護士活動はしばらく続きそうである。

「読む」――

小説好きだが、近年は長編をあまり読まなくなった。一気に読む息が続かないのである。となると、自ずと短編やエッセイを読むことになる。最近は、短歌、川柳、俳句を読むことが増えた。数年来、正岡子規の句がすっかり気に入り、机上の近くに正岡子規の句集を置いている。正岡子規を知りたくて、坪内稔典『正岡子規』（岩波新書）などいくつかの評伝を読んだが、ドナルド・キーンの『正岡子規』（新潮社）はとりわけ面白かった。

正岡子規の句を編んだ夏井いつき『子規365日』（朝日新書）は、今日のこの日子規はどんな句を詠んだのだろうかとよく手にする。

ちなみに、九月一日の句は「大仏に二百十日もなかりけり」である。同書は、立春から数えて二一〇日目のこの日は、「厄日」と言われ、台風に見舞われることが多い。しかし、鎮座した「大仏」様には「二百十日」なんて関係ないかとつぶやく。可笑しみのある一句であると解説している。

エッセイといえば、わがもっとも愛読するのは、二〇一二年没した丸谷才一のそれである。初期の『好きな背広』から最後の『無地のネクタイ』まで大体読んでいるが、博学多識、軽妙洒脱、変幻自在、まさに丸谷才一は短い知的エッセイの達人である。

「あいさつ」や「スピーチ」を頼まれることがあるが、少しでも印象に残ることを話したいと思ったときは、丸谷才一の『挨拶はたいへんだ』（朝日新聞社）と『あいさつは一仕事』（朝日新聞社）に目を通して、ヒントを得ることにしている。

「あいさつ」を頼まれたときは、是非一読をおすすめしたい。退屈で月並みのあいさつだけはしなくなる。

「聴く」――

学生次代、一杯のコーヒーを飲みながら、渋谷の名曲喫茶でLPの調べに耳を傾けて過ごした数時間は青春のぜいたくなひとときであった。

以来、クラシックはわが生活と切り離せなくなった。机の近くにうず高くCDが積んであり、書きものや読書の時、いつもCDを流している。

バッハ、ベートーベン、モーツアルト、マーラー、ブルックナー……聴く曲はその時々の気分で決まる。ワグナー好きをワグネリアンというようだが、そうした偏した聴き方は私の趣味ではない。面白いもので、若い頃にはあまり聴こうとはしなかったのに、近年とみに気に入っている作曲家がいる。それは、三人のフランス印象派の作曲家、ドビュッシー、ラベル、フォーレである。自由で甘美な旋律、短い曲が多いのも嬉しい。

音楽の趣味も、歳によって変化し、味わい方も違うようである。何年か前に、雑誌名は忘れたが、「冥土にいっしょに連れていきたい作曲家は誰か」というアンケートがあった。一番人気はモーツアルトであったが、その時は私もそうであった。今問われれば誰になるか。冥土に行くにはまだ時間がある。答えを出すには早すぎる。

（司法修習一七期『いしずえ』第51号、二〇一三年一〇月）

14　近況つれづれ

ワークルール教育──

労働事件を中心に、そこそこ事件もこなしているが、いまわが終活のテーマのひとつは、働く人あるいはこれから働こうとする人に対するワークルール教育である。「ブラック企業」に代表されるように、労働者を取り巻く労働環境は悪化の一途をたどっている。

非正規雇用と格差の拡大、長時間労働、過労死・過労自殺、パワハラ・マタハラ・セクハラなどの様々なハラスメント……。「労働は商品ではない」（一九九四年、ＩＬＯフィラデルフィア宣言）原則は崩れ、労働の商品化、それも使い捨て商品化が進んでいる感を強くする。

働く者の権利の確立を願い、労働事件に取り組んで五〇年余、働く者の雇用・労働条件・権利の現在の有り様をみるとき、忸怩たる思いがある。

労働基準法などのワークルールが守られない責任はいうまでもなく企業にある。しかし、企業の違法・不当を許している背景には、労働者の法に対する知識の欠如、権利意識の弱さがあることを指摘しないわけにはいかない。使用者の違法・不当に対し労働者が異議を唱えない、声をあげない状況も労働環境の悪化を招いている要因である。「ブラック企業」が社会問題化するなかで、ワークルール教育の必要性が唱えられ、厚労省も二〇〇九年に「今後の労働関係法制度をめぐる教育の在り方に関する研究会報告書」をまとめた。報告書は、「労働者にとって、労働関係法の基礎的な知識を学ぶことは、自らの身を守るために最低限確保しておくべき手段」と指摘、学校などで権利教育を徹底する重要さについて述べている。

ワークルール教育を推進するために二〇一四年一〇月、一般社団法人ワークルール検定協会が設立され、ワークルールに関する検定試験を全国各地で行っているが、労働法研究者などと一緒に、私はこの協会の「啓発推進委員」を務めている。

二〇一六年一月一二日には、日弁連主催で「ワークルール教育シンポジウム」が開催され、私も出席して会場から発言した。

二〇一五年都内の二つの大学で学生を対象に、「働くために知って欲しい労働法の基礎知識」という話をする機会を得た。

ワークルール教育において私が強調しているのは、まずは、法で保障されている権利について知ること（「知ることからすべては始まる」）、そして知った権利を行使すること（「行使しなければ、権利は画に描いた餅である」）そして第後に必ず言及しているのは、ワークルールの実効性を担保する労働組合の存在意義と役割である（「団結なくして権利なし」）。就職活動に熱心な学生に、ワークルールへの関心をいかに高めるかはかなり難しい課題だが、情熱を持って語るほかにはないと自らに言い聞かせている。

映画と労働――

大学生時代（それは映画の黄金期と重なる）、週に一回は映画を観ていた映画好きであったが、最近はめったに観ることがない。しかし、労働弁護士というわが業のせいか、労働に関わる映画が上演されると、「働くことはどのように描かれているのだろうか」という興味が湧き、映画館に足を運んでいる。

労働を描いた映画としては、古くは『波止場』（アメリカ、一九五四年）、『鉄路の闘い』（フランス、一九四五年）などがあるが、最近観た映画に『キリマンジャロの雪』（フランス）、『パレードにようこそ』（イギリス）、『サンドラの週末』（ベルギー、イタリア、フランス）がある。

背景となっているのは、『キリマンジャロの雪』では、造船労働者に対する整理解雇、『パレードにようこそ』は炭鉱不況、『サンドラの週末』はワークシェアリングである。この三つの映画には、働く者への共感があふれており、そのラストシーンには涙を抑えがたかった（近年涙もろくなっているせいもある）。

わが国では、労働を描いた映画は少ない。記憶を辿れば、『キューポラのある街』（一九六二年）、『若者たち』（一九六七年）ぐらいか。

どうしてわが国では、労働を描いた名作が生まれないのだろうか。いま、労働に関わるテーマは少なくないと思うのだが…。

わがレクイエム――

久世光彦のエッセイ集に『マイ・ラスト・ソング』というのがある（文春文庫）。「あなたは最後に何を聴きたいか」というサブタイトルがついており、『港が見える丘』『As Time Goes By』など二五曲が臨終の際に聴きたい歌としてあげられている。

人生の黄昏を迎えたせいであろうか、最近よくレクイエム（鎮魂曲）を聴く。モーツアルト、ベルディ、ベルリオーズ、フォーレのレクイエムを聴き較べる。

一番有名なのは、モーツアルトのそれである。映画『アマデウス』を観た人は覚えているだろう。覆面をした男がモーツアルトを訪ね、「レクイエム」の作曲を依頼する不気味なシーンを。もちろんモーツアルトもいいが、私はフォーレに心惹かれる。丸山真男は「わがレクイエムはフォーレに決めている」と何かに書いていたが、さもありなんと思う。その澄み切った美しい音色は天上に誘ってくれるように思える。

とはいえ、もうしばらくは、現世でレクイエムの聴き較べを楽しむことになりそうである。

（司法修習一七期『いしずえ　第53号』二〇一六年四月）

15 「老兵は死なず、まだ前線にあり」

私の弁護士生活五〇周年を記念した論文集『労働者の権利――軌跡と展望』（鵜飼良昭・徳住堅治・井上幸夫・鴨田哲郎編著、旬報社刊、二〇一五年）が刊行され、その出版記念会が開催された。その様子が、次のように紹介されている。

＊

五月二〇日（二〇一五年）夕、東京・九段北のアルカディア市ヶ谷で当事務所の代表弁護士である宮里邦雄弁護士の五〇年にわたる弁護士活動を記念した書籍『労働者の権利――軌跡と展望』の出版記念会が開催されました。

宮里弁護士は一九六五年に弁護士登録して以来、労働弁護士として活動。東京共同組合事務所には一九七二年に入所しました。

一九八二年から八六年まで総評弁護士団幹事長、二〇〇二年から一二年まで日本労働弁護団の会長を務めました。日本労働法学会会員として、弁護士として初めて理事を務めたほか、二〇〇四年四月から〇七年三月まで、東京大学法科大学院で法律家をめざすロースクール生の指導にもあたりました。

記念会には、労働組合関係者、労働委員会関係者、労働法の学会関係者、日本労働弁護団の弁護士ら約二三〇名の方々にご参加いただきました。席上、菅野和夫東京大学名誉教授（元中労委会長）は、「（宮里弁護士は）生涯一捕手ならぬ生涯一弁護士として労働者のための弁護活動をしてきた方。次の著作として、弁護士としての心構え、何が重要かという職人的技能、活動などに着目した自分史を書いて欲しい。それがまた、労働事件史としての意味を持つものにもなると期待している」と祝辞を述べました。

編著者の一人である徳住堅治・日本労働弁護団副会長から書籍の献呈を受けた宮里弁護士は、お礼のあいさつの中で、「私の出身地の沖縄の方言で、『いちゃりばちょうでい』（行き会えば兄弟）という言葉があります。私は五〇年間の活動の中で尊敬すべき多くの先輩、同僚、後輩に恵まれました。何よりも労働弁護士として、多くの労働者、労働組合と交流する機会に恵まれました、誠に幸運というほかありません」と五〇年の弁護士生活を振り返った。

その上で、マッカーサーの「老兵は死なず、ただ去り行くのみ」との言葉を引用して、「私も『老兵』と思っていますが、まだとても去りゆく心境にはなりません。『老兵は死なず、まだ前線にあり』という思いであります。もうしばらくは、『前線』、それも少し『後方の前線』に留まり、生涯のテーマである『働く者の権利の確立』のために尽力したいと思います。前線にいる若い弁護士諸君がもたもたしていると、後方から前線に殴り込みをかけようかと思っています」と意気込みを語った。

そして「もうしばらくは頑張れそうですし、頑張るつもりです。最後に皆様にお願いです。弁護士50周年でこのような出版記念会を開いたということで、宮里はどうやら引退するらしいという『あらぬ風評』を流さないようにしていただきたいのであります」と締めくくり、会場は笑いに包まれました。


（『東京法律事務所ニュース』第68号、二〇一五年八月）

16 散歩と断捨離

新型コロナウイルスの感染拡大により、三月（二〇二〇年）以降、裁判、講演などすべてのスケジュールがキャンセルとなり、わが五〇年余の弁護士生活で初めて経験する長期の「空白期間」が生じることとなった。

残り少ない人生のこの期に及んで、どうしてこんな事態に見舞われなければならないのかと嘆いたが、恨み節を唱えても自己嫌悪に陥るだけだ。

突然生じた空白期間をどう埋めるか。

好きな音楽関係の本を読んだり、クラシックやシャンソンなどのＣＤに長時間耳を傾けたり、時折、自宅近くを三〇分ぐらい散歩したりして日々をやり過ごした。散歩では、「徘徊と思われやめたウォーキング」という川柳があったことを思い起こし、徘徊と疑われないよう背筋を伸ばすことを心がけたが、無理な姿勢（?）のため、いささか疲れる散歩ではあった。

そして、この絶好の機会に取りかかったのが積ん読のままで死蔵しかねない本や雑誌の断捨離である。

しかし、いざとなると、本を買った時のことや読んだ当時の感想などが頭をよぎり、なかなか捨てる決断がつかない。

捨てることにして仕分けた本の束から、一冊、二冊と抜き出してはまた元の本棚に戻すという作業を繰り返すという、わが断捨離であった。

皆さん!!　コロナ禍に負けず、お互いに頑張りましょう。

（『東京法律事務所ニュース』第78号、二〇二〇年八月）

あとがき

一九六五（昭和四〇）年に弁護士となり、以後労働事件を中心に弁護士活動を続けてきた。労働事件を労働者・労働組合側に立って取り組む弁護士のことを労働弁護士（「労弁」）と称しているが、本書は、私の労弁としての五五年間の活動の軌跡についてインタビューを受け、それがまとめられたものである。

労働事件は、その時々の経済社会の状況、労使関係、労働運動の動向を反映する。

本書で語られているのは私が担当した事件の一部である。読み返してみて、語り尽くせなかった多くの事件が脳裏をよぎる。語り出せばきりがないが……。

労働者・労働組合の権利闘争に伴走したいとの思いで労働弁護士を志した者として、五五年間それぞれの時代の特徴的な労働事件に間断なく携わることができたのは労働弁護士冥利に尽きるというべきであろう。

私の好きな作家のひとりである須賀敦子の自伝的小説『ユルスナールの靴』にこんな一節が出てくる――「きっちり足に合った靴さえあれば、自分はどこまでも歩いていけるはずだ」。

どうやら、労働弁護士という職業は私に合った靴であったという気がする。

労働事件の難しさ、厳しさ、法廷内外の権利闘争としての性格から労働事件は労働側の弁護士が弁護団を組んで取組むのが通例である。

本書で紹介した多くの事件もそうであり、私が単独で担当したものではない。改めて御指導をいただいた先輩弁護士、ともに事件に取り組んだ事務所内外の弁護士、支えていただいた事務局職員に感謝したい。

また、結婚以来五五余年、いつも私の健康を気づかい、私の活動を支えてくれた妻芳子に感謝の意を表したい。

二〇一九年七月に傘寿を迎え、今八十路の道をゆっくり歩いている。

幸いにして目下のところ健康を維持しており、新たな様相をみせる現代的労働事件に係わりたいという意欲は失せていない。

加齢による多少の息切れはするであろうが、今しばらくはこれまで歩んできた道を歩み続けられたらと願っている。

最後になりましたが、インタビュアーの高井晃さん、髙橋均さん、棗一郎さん、そして本書を企画・出版して下さった論創社に感謝の念を表したい。

二〇二一年五月

宮里　邦雄

【著作一覧】

『官公労働者の権利と法律実務』共著、ダイヤモンド社、一九七六年一一月
『労働委員会――審査・命令をめぐる諸問題』労働教育センター、二〇〇四年四月
『憲法の危機をこえて――弁護士活動からみえる人権』編著、明石書店、二〇〇七年二月
『労働組合のための労働法』労働教育センター、二〇〇八年一一月
『改訂版　労使の視点で読む最高裁重要労働判例』共著、産労総合研究所、二〇一〇年五月
『就活前に読む――会社の現実とワークルール』共著、旬報社、二〇一一年一〇月
『はたらく人のための労働法（上）』労働大学出版センター、二〇一四年一一月
『はたらく人のための労働法（下）』労働大学出版センター、二〇一五年一一月
『労働法実務解説12　不当労働行為と救済――労使関係のルール』旬報社、二〇一六年四月
『労働法実務解説6　女性労働・パート労働・派遣労働』共著、旬報社、二〇一六年七月
『実務に効く労働判例精選・第二版』編著、有斐閣、二〇一八年一〇月

宮里邦雄（みやざと・くにお）
１９３９年　大阪市生まれ、沖縄宮古島育ち。
１９５８年　琉球政府立宮古高校（現沖縄県立宮古高校）卒業。
１９５８年　東京大学文科Ｉ類入学。
１９６３年　東京大学法学部卒業。
１９６５年　弁護士登録。東京弁護士会所属。
１９８７年　中央大学法学部非常勤講師（～１９８９年）。
１９９７年　日本労働法学会理事（～２００５年）。
２００１年　早稲田大学法学部大学院非常勤講師（～２００３年）。
２００５年　東京大学法科大学院客員教授（労働法、法曹倫理）（～２００７年）。
２００２年　日本労働弁護団会長（～２０１２年）。

東京都新宿区新宿１丁目１５番９号　さわだビル５階
東京共同法律事務所　所属

労働弁護士「宮里邦雄」55年の軌跡

2021年6月30日　初版第1刷発行
2021年11月30日　初版第2刷発行

著　者　宮里邦雄
発行者　森下紀夫
発行所　論 創 社
東京都千代田区神田神保町 2-23　北井ビル
tel. 03（3264）5254　fax. 03（3264）5232　web. http://www.ronso.co.jp/
振替口座　00160-1-155266
装幀／宗利淳一
印刷・製本／中央精版印刷　組版／ロン企画
ISBN978-4-8460-1617-3

落丁・乱丁本はお取り替えいたします。